KB170647

블록체인 3.0 시대와 디지털화폐의 미래

**After
Bitcoin**

나카지마 마사시 지음
이용택 옮김

애프터
비트코인

21세기북스

비트코인의 한계,
블록체인 비즈니스 열풍

비트코인이 일대 붐을 일으키고 있다. 이른바 가상화폐법의 시행*과 비트코인 분열 소동을 거쳐, 비트코인의 가격은 대폭 상승했다. 그에 따라 비트코인 투자의 외연도 크게 확장되었다. 하지만 이쯤에서 멈춰 서서 사태를 냉정하게 주시할 필요가 있지 않을까 싶다.

가상화폐 열풍이 여전히 뜨겁고 비트코인이나 블록체인에 관련된 책이 잇따라 출판되고 있는 와중에, '비트코인은 이미 끝났다'고 말하려는 듯한 『애프터 비트코인(After Bitcoin)』이라는 제목의 책을 굳이 펴낸 이유는 다음과 같다.

---

* 일본 금융청은 2017년 4월 자금결제법을 개정해 결제수단으로서 가상화폐를 법적으로 인정했다._편집자 주

첫째, 비트코인에 관해 '화폐의 미래를 바꿀 것이다'라는 식으로 매우 번지르르하게 홍보되는 데 우려를 느꼈기 때문이다. 비트코인 열풍이 지속되기를 바라는 쪽에서 내놓은 서적이나 기사가 넘쳐나서인지, 비트코인의 참신한 매력과 가격 향상으로 이어지는 밝은 미래만이 너무 강조되고 있다. 그러나 모든 것에는 반드시 양면성이 있다. 지금까지는 '비트코인의 빛과 그림자' 가운데 미화된 '빛' 부분만 조명되는 경향이 있었지만 이 책에서는 감히 쓴소리를 하면서 비트코인의 '그림자' 부분에 관해서도 설명하고 분석할 것이다. 이러한 우려할 만한 요소까지 다 이해한 뒤에도 비트코인 열풍에 참여하겠다면, 그것도 각자의 판단일 테니 말리지는 않겠다.

둘째, 언론에서는 비트코인만 각광받고 있지만 앞으로 세상에 커다란 영향을 끼치는 것은 오히려 블록체인(분산형 장부 기술)이라고 생각하기 때문이다. 비트코인 열풍이 사라지면 그다음에는 블록체인의 트렌드가 찾아올 공산이 크다. 원래 블록체인은 비트코인을 뒷받침하는 핵심 기술로 개발되었다. 비트코인 등의 가상화폐는 기존 금융의 주류에서 약간 동떨어진 주변부(지금까지 금융기관이 손대지 않았던 분야)만의 혁신인 데 비해, 블록체인은 은행이나 증권사 등의 주류 금융기관이 지금까지 다루어왔던 금융의 주류를 크게 변화시키는 혁신을 일으키려고 한다. 따라서 그 영향력은 어마어마할 것으로 생각한다.

셋째, 세계의 중앙은행들이 블록체인을 활용해서 디지털화폐를 발행하기 위해 움직이고 있음을 알리고 싶어서다. 디지털화폐란 쉽게 말하면 은행권 대신에 발행되는 공적인 비트코인이라고 할 수 있다.

'가상화폐가 퍼지면 중앙은행은 죽음을 맞이할 것이다'라는 말이 자주 오르내리는 탓에 비트코인의 등장으로 중앙은행이 위기에 몰릴 것이라고 생각하는 사람이 많지만, 사실 중앙은행도 비트코인용으로 개발된 블록체인 기술을 활용해서 직접 공적인 디지털화폐를 발행할 수 있다. 이미 그러한 움직임이 전 세계적으로 포착되고 있다. 이것도 세계 경제의 구조를 크게 변화시킬 가능성이 있는 이야기므로 독자 여러분에게 얼른 들려주고 싶다.

넷째, 블록체인을 금융에 응용하는 방법에 관해 상세하게 알리고 싶어서다. 시중의 블록체인에 관한 책을 보면 '블록체인은 대단하다. 은행 업무와 증권 업무를 크게 변혁할 것이다'라는 대략적인 설명은 쓰여 있지만, 무엇을 어떻게 변혁할 것인지가 거의 제시되어 있지 않다(블록체인의 기술적인 면에는 밝지만 금융 업무에는 어두운 저자가 많기 때문인 듯하다). 이 책에서는 특히 유력한 응용 분야로 여겨지는 국제 송금과 증권 결제를 들어 블록체인의 응용 수법과 그 과제에 관해 상세히 설명한다.

이처럼 이 책은 꽤 다채로운 내용으로 가득하다. 그러므로 이 한 권으로 상당히 많은 지식을 얻을 수 있을 것이다.

필자는 오랫동안 일본은행*에 근무하면서 리서치 관련 업무를 주

---

* 일본은행(日本銀行, Bank of Japan, BOJ)은 일본의 통화 발행과 신용 정책을 관장하는 중앙은행이다._편집자 주

로 경험했다. 그러던 중에 결제 시스템에 관심을 가지게 되었고, 대학 교수로 이직한 뒤에도 평생의 과업으로서 관련 조사와 연구를 계속하고 있다. 일본은행에 근무하던 시절에는 금융연구소에서 전자현금 연구에 몰두했고(상세한 사항은 본문 참조), 국제결제은행(BIS)에 파견 나갔을 때는 결제에 관한 세계적 표준을 만드는 데 몰두했다. 그사이에 자금 결제, 증권 결제, 외환 결제, SWIFT 등에 관한 저서를 간행했다. 다행히도 모든 저서가 금융 관계자들 사이에서 널리 읽혔다. 이러한 경력 덕분에 결제 분야의 전문가 중 한 사람으로서 일본 금융청의 심의회나 전국은행자금결제네트워크의 전문가 회합 등에도 여러 번 초빙되었다.

이 책은 이처럼 오랜 세월에 걸쳐 결제와 화폐를 연구해온 내용을 정리한 것이다. 독자 여러분이 비트코인과 블록체인에 관한 앞으로의 흐름을 올바로 파악하고 새로운 비즈니스 환경에 적응하는 데 이 책이 도움된다면 더 바랄 나위가 없다.

2장
가상화폐에 미래는 있는가?

3장
블록체인이야말로 차세대 핵심 기술

4장
화폐의 전자화는 역사의 필연

5장
중앙은행에서 디지털화폐를 발행하는 날

6장
블록체인에 의한 국제 송금 혁명

7장
증권 결제에서 유망한 블록체인의 응용

살아남는
차세대 화폐는 무엇인가?

After Bitcoin

비트코인이 보급되면 은행을 통한 송금이나 결제가 불필요해지고,
그와 관련한 비즈니스 모델도 크게 바뀔 것으로 예상되었다.
그러나 그 후의 전개를 보면 '혁명'이라고 할 만한 영향은 없었다.
오히려 분열 소동, 도난, 해킹 등 일련의 사건들을 겪으면서
비트코인은 신뢰성에 타격을 입은 상태다.
그에 반해 비트코인의 핵심 기술로 개발된 '블록체인'은
금융과 비즈니스 구조를 혁명할 기술로 평가받고 있다.
비트코인 열풍에 가려진 **가상화폐의 실체**를 알려주고,
블록체인을 활용한 전 세계의 실증실험 사례,
중앙은행들의 디지털화폐 발행 움직임 등을 통해
블록체인의 무한 가능성에 대해 알아보려고 한다.

1

비트코인 열풍 속
과대평가된 가상화폐

비트코인이라는 가상화폐가 널리 알려지며 일본에서 가상화폐에 관한 서적이 출판되고 언론도 이를 자주 다루기 시작한 때는 2014년쯤이다. 당시에는 '가상화폐가 세상을 바꿀 것이다!'라는 논조로 온통 떠들썩했다. 이전까지 생각지도 못했던 가상화폐(virtual currency) 시스템에 의해 자유롭게 물건을 사거나 돈을 전 세계에 실시간으로 보낼 수 있다는 참신한 발상에 사람들은 놀라워했고 흥분을 느꼈다. 그 시기에는 비트코인이 화폐 역사상 대혁명으로 일컬어졌고, 인터넷상의 가상화폐가 사회 혁명을 일으킬지도 모른다고 평가받았다.

그러나 그 후의 전개를 보자면 '혁명'이라고 부를 만큼의 영향은 없었다. 비트코인이 불법 사이트에서 마약 거래에 이용되거나, 최대 규모의 비트코인 거래소가 파탄 나는 등 신뢰를 잃을 만한 몇몇 사건도 발생했다. 아무런 규제 없이 자유롭게 거래되던 가상화폐에 대해 각국 정부가 규제를 속속 도입함으로써 비트코인의 익명성을 활용하려는 시도에도 제동이 걸렸다. 비트코인 시스템 자체에도 발행 상한과 채굴 작업에 대한 보상의 반감기가 설정되어 있는 등 몇 가지 문제점과 장래의 불안 요소가 존재한다는 사실도 알려지기 시작했다.

비트코인의 보유와 활용법에 관해서는 '전 세계의 이용자가 코인을 조금씩 나눠서 보유한다', '네트워크의 모든 참가자가 비트코인 시스템을 떠받친다', '전 세계의 다양한 거래소에서 거래된다', '여러 가지 화폐들 사이에서 교환된다', '인터넷이나 실제 매장에서 상품과 서비스를 구입하는 데 널리 사용된다'라는 등의 번지르르한 이미지만 유포되고 있다. 그러나 비트코인 이용의 현황을 자세히 살펴보면 실상은 다르다. 일부만이 거래 승인 작업과 그에 따른 보상을 독점하고, 또한 한 줌밖에 되지 않는 사람이 수많은 비트코인을 보유하는 구조임을 알 수 있다. 다양한 배경과 폭넓은 저변의 모든 참가자가 비트코인 시스템을 떠받쳐간다는 당초의 이념이 전혀 실현되지 않았고, 가상화폐의 건전한 커뮤니티를 만드는 데도 실패했다고 할 수 있다.

비트코인이 등장한 당초에는 금융계에서도 충격으로 받아들였다. '중앙은행이 존재하지 않는 화폐'라는, 지금까지 생각지도 못했던 시스템이 등장했기 때문이다. 더구나 암호 기술이나 블록체인 시스템을 사용해서 안전성도 높은 데다 인터넷을 통해 거의 비용 없이 전 세계에 자유롭게 송금할 수도 있었다. 비트코인이 보급된다면 은행을 통한 송금이나 결제가 불필요해지고, 그와 관련한 비즈니스 모델도 크게 바뀔 것으로 예상되었다.

2013~2014년 무렵에 금융기관 국제회의에서는 '비트코인에 의해 무엇이 달라질 것인가?', '비트코인이 은행 업무에 어떤 영향을 끼칠 것인가?' 등을 주제로 토의가 활발히 이루어졌다. 꽤나 큰 위기감 속에서 비트코인에 관한 논의가 벌어졌다.

하지만 2015년 무렵을 기점으로 비트코인은 더 이상 국제회의의 주제로 다뤄지지 않았다. 필자가 해외 은행 관계자들과 대화할 때도 비트코인이라는 말 자체를 전혀 듣지 못하게 되었다. 당시 일본에서는 비트코인에 관해 여전히 활발히 보도되던 터라 필자는 이상하게 생각하며 해외 은행 관계자들에게 물어보았다. 그들은 비트코인은 이제 끝났다는 반응을 보이며 아예 상대해주지도 않았다. 이미 비트코인은 '일부 특수한 사람들이 사용하는 비주류 서비스'일 뿐 금융의 주류에 영향을 끼치는 존재가 아니라고 판단한 것이다.

그런데 일본에서는 아직도 비트코인의 가격이 올랐다느니 내렸다느니, 비트코인을 사용할 수 있는 매장이 점점 늘어나고 있다느니 하는 식의 언론 보도가 빈번하다. 또한 잡지에서 가상화폐에 관한 특집 기사를 다루기도 하고, 가상화폐가 보급되면 중앙은행이 불필요해진다거나 은행이 사라진다거나 하는 식의 뒤숭숭한 제목이 붙은 서적도 연달아 간행되고 있다. 금융 관계자와 대중 사이의 커다란 인식 차이를 느낄 수 있는 현상이다. 해외 주요 은행 관계자들의 반응과 비교하면, 세간에서는 비트코인을 중심으로 하는 가상화폐의 이미지가 지나치게 미화되고 또한 과대평가되고 있다.

2

정말 주목해야 할 것은 블록체인

금융 전문가들 사이에서는 비트코인에 대한 기대가 낮아지고 있다. 그에 반해 오히려 평가가 높아지고 있는 것이 '블록체인'이다. 블록체인(blockchain)은 거래 기록을 입력한 블록(block)을 시계열로 체인(chain)처럼 연결해서 관리하는 시스템이며, 이로써 부정한 거래나 중복 사용 등을 방지할 수 있다. 처음에 블록체인은 단순히 비트코인 시스템을 뒷받침하는 기술일 뿐이었지만, 현재는 가상화폐와 별개로 독립된 기술로 활용하려는 시도가 이루어지는 중이다.

블록체인은 인터넷 이래 최대의 발명으로 불린다. 비트코인보다는 블록체인 기술에 주목해야 한다는 목소리도 커지고 있다. 금융을 근본부터 뒤엎을 잠재력이 블록체인에 있다는 견해가 유력하고, 블록체인이 이 시대의 진정한 돌파구가 될 것이라는 기대도 높아지고 있다.

이런 가운데 세계 각국에서는 이미 블록체인을 활용한 수많은 실증실험이 진행 중이다. 우선 금융계에서는 무역 금융, 신디케이트 론, 채권 발행 등 다방면에 걸쳐 실증실험이 이루어지고 있는데, 그중에서도 특히 유망한 것이 국제 송금이나 증권 결제 분야다. 또한 블록체인의 응용 범위는 금융계뿐 아니라 비금융 분야인 토지 등기, 의료 정보, 선거 시스템, 다이아몬드 인증서 등에도 미친다.

최근에 블록체인은 '분산형 장부 기술(Distributed Ledger Technology, DLT)'이라고 불리는 경우가 많아졌다. 블록체인을 활용하면 네트워크 내 참가자가 소유권의 기록을 분산해서 관리할 수 있기 때문이다. 블록체인은 사실상 거래 기록의 수정이 불가능하고, 장애나 시스템 다운이 거의 발생하지 않는다는 특징이 있다. 이와 더불어 블록체인이 주목받는 가장 큰 요인은 비용이 극적으로 절감될 가능성이다. 블록체인을 활용하면 금융 거래에 드는 비용이 약 10분의 1까지 줄어들 것이라는 견해도 있다.

3

디지털화폐를 발행하려는
중앙은행의 움직임

민간 은행이 국제 송금이나 증권 결제 등의 분야에서 여러 가지 블록체인 실증실험을 시행하고 있는 가운데, 중앙은행 역시 블록체인 활용에 적극적인 움직임을 보이고 있다. 중앙은행에서 직접 블록체인을 활용해 스스로 디지털화폐(전자화폐)를 발행할 가능성을 모색하기 시작한 것이다.

비트코인 등의 가상화폐가 '사적인 디지털화폐'라면, 중앙은행이 발행하려고 하는 것은 '공적인 중앙은행 디지털화폐'라고 할 수 있다. 화폐의 역사를 돌이켜봤을 때 인간은 각 시기에 최신 기술(주조 기술, 인쇄 기술 등)을 사용해서 화폐를 발행해왔다. 그러므로 블록체인이라는 혁신적 기술이 출현함에 따라 디지털화폐를 발행하려는 시도는 그야말로 역사의 필연일지도 모른다. 실제로 15년쯤 전에는 몇몇 중앙은행에서 일본의 스이카(Suica)*, 에디(Edy) 같은 전자화폐의 기술을 활용해 '전자 법정통화'를 발행하려는 움직임도 있었다. 실제로 필자가 근무했던 일본은행에서도 비밀스럽게 이러한 연구를 진행한 바 있다.

현재 디지털화폐를 발행하려는 움직임을 보이는 중앙은행은 잉글랜드은행(영국), 캐나다중앙은행, 스웨덴중앙은행, 일본은행 외에 싱가포르통화감독청(MAS), 네덜란드중앙은행, 중국인민은행, 홍콩금융관리국(HKMA) 등 꽤 폭넓게 분포한다. 이처럼 다수의 중앙은행이 블록체인을 사용한 실증실험에 일제히 나서는 것은 놀라운 일이다. 특히 캐나다중앙은행은 'CAD 코인', 네덜란드중앙은행은 'DNB 코인'이라는 중앙은행 발행 코인을 각각 만들어 실험을 진행하고 있다. 또한 스웨덴중앙은행에서는 디지털화폐인 'e-크로나'의 발행 계획을 추진하면서 세계 최초의 디지털화폐 발행국을 목표로 삼고 있다고 공언했다.

실제로 중앙은행이 디지털화폐를 발행하면 그 디지털화폐에 마이너스 금리를 부과하는 등의 새로운 경제 정책을 펼치는 도구가 될 가능성이 있다. 즉, 디지털화폐 발행에 의해 금융 정책의 전략이 달라질 수도 있는 것이다.

---

* 한국의 티머니와 비슷하며 일본 국민 대다수가 교통카드로 활용한다._편집자 주

4

블록체인이 만드는
새로운 미래

비트코인을 비롯한 가상화폐는 앞으로 이용할 수 있는 매장이 더욱 늘어나고 거래량도 증가해서 주요 결제 수단으로 탈바꿈할 것인가? 그리고 당초에 기대한 대로 화폐의 차원을 높여줄 존재가 될 것인가? 아니면 앞으로도 소수의 사람들만 사용하는 비주류 상품으로 남을 것인가?

필자의 결론을 먼저 밝히자면, 비트코인은 화폐의 차원을 근본부터 바꿀 만한 차세대 화폐가 되지는 못할 것이다. 이는 가상화폐가 곧바로 '용도 폐기'된다는 뜻이 아니라, 나름대로 존속하기는 할 테지만 금융의 주류로 들어서지는 못할 것이라는 뜻이다. 비트코인의 장래성에 기대하고 투자하는 사람이나 비트코인 관련 비즈니스로 일확천금을 노리는 사람이라면 '그럴 리가 없어!' 하고 화낼지도 모르지만, 필자가 '비트코인의 중장기적인 장래성을 엄격한 시각으로 바라봐야 한다'고 생각하는 이유를 2장에서 상세히 다룰 테니 꼭 읽어본 후 옳고 그름을 판단해보기 바란다.

한편 비트코인의 핵심 기술로 개발된 블록체인은 틀림없이 앞으로의 금융과 비즈니스의 구조에 혁명을 일으킬 진정한 기술로 높이 평가할 수 있다. 머리말에서도 말했듯이 블록체인은 지금까지 은행이나 증권사 등 금융의 중추 기관이 담당해왔던, 이른바 금융의 주류에서 활용될 전망이다. 따라서 블록체인이 본격적으로 도입되었을 때의 파장은 가상화폐와 비교할 수 없을 만큼 클 것으로 예상한다. 그리고 관리자나 발행자가 존재하지 않는 비트코인과 달리, 블록체인에 관해서는 중앙은행이라는 확실한 관리자이자 발행자가 디지털화폐를 발행하는 실험이 이미 실시되고 있다. 공적인 디지털화폐에 사람들이 신뢰감을 느낀다면 더욱 많은 사람들이 그것을 일상적인 지불 수단으로 사용하게 되는 것도 결코 꿈이 아니다.

이러한 블록체인의 실용화를 위한 움직임과 중앙은행의 디지털화폐 프로젝트에 관해서도 앞으로 이 책에서 상세히 설명하겠다.

1장

수수께끼투성이인 가상화폐

After
Bitcoin

비트코인 시스템에 관한 책은 이미 많이 출간되었기 때문에
'이제 비트코인에 관해 충분히 이해했다'고
생각하는 사람도 있을지 모른다.
그러나 IT 기술자가 쓴 전문서는 기술적인 설명에 치우쳐서
비즈니스 관련자들에게 난해하고,
그나마 쉽게 설명해주는 책은 중요한 핵심이 빠져 있기 십상이다.
필자가 보기에는 너무 기준에 넘치거나
너무 기준에 못 미치거나, 둘 중 하나다.
그래서 이번 장에서 비트코인 시스템에 관해
짚고 넘어가고자 한다.
비트코인의 기본적인 구조를 올바로 이해하는 것은
앞으로의 논의를 더욱 심화하는 데 도움이 되므로 꼭 읽어보기 바란다.

1

모든 것의 시작은
비트코인

비트코인(Bitcoin)은 사토시 나카모토*라고 자칭하는 인물이 2008년 발표한 논문을 토대로 만든 '가상화폐(virtual currency)'다. 2009년 1월 3일, 첫 블록인 제네시스 블록(genesis block)이 만들어지면서 비트코인이 운용되기 시작했다.

지폐나 동전 등의 일반적인 화폐는 물리적으로 주고받음으로써 가치를 주고받고 상품을 교환한다. 이에 비해 가상화폐는 인터넷을 통해 가치가 교환된다. 가상화폐에는 지폐나 동전처럼 눈에 보이는 형태의 물리적인 존재가 없고, 어디까지나 단순한 데이터를 컴퓨터상

---

* 비트코인 창시자로 알려졌으나 본명, 국적 등의 신상 명세는 물론이고 개인인지 단체인지 조차 완전히 베일에 가려져 있다._편집자 주

에서 주고받을 뿐이다. 그래서 가상화폐인 것이다.

달러화나 엔화에는 100달러, 1만 엔 등의 형태로 화폐의 양을 나타내는 단위가 존재한다. 비트코인에도 'BTC'라는 단위가 있으며 1BTC, 10BTC 등으로 센다. 또한 비트코인은 1BTC보다 작은 단위로도 나눌 수 있어서 0.05BTC나 0.001BTC 등의 거래도 가능하다. 비트코인의 최소 단위는 소수점 여덟째 자리까지며, 이를 '1사토시'라고 부른다. 이것은 비트코인의 발명자인 사토시 나카모토의 이름에서 유래했으며 1사토시는 0.00000001BTC에 해당한다.

달러화나 엔화, 원화 등 통상적인 법정통화는 중앙은행 등 공적인 발행 주체가 있고, 이 주체가 책임을 갖고 전체 화폐의 유통을 관리하며 공급량 등을 조정한다. 법정통화는 법적으로 뒷받침되기 때문에 일반적으로 법화(legal tender)라고도 부른다. 그리고 법정통화는 그 법적인 뒷받침에 의해 국내에서 지불에 이용할 수 있도록 강제되는(수취인은 법정통화로 지불하는 것을 거부할 수 없다) '강제 통용력'을 지니며, 이 때

〔도표 1-1〕 달러화·엔화·원화와 비트코인의 특징 비교

	달러화 · 엔화 · 원화	비트코인
성격	법정통화(법화)	가상화폐
가치를 주고받는 방법	물리적으로 주고받음	네트워크상에서 주고받음
화폐 단위	달러, 엔, 원 등	BTC
관리 주체	중앙은행 등	없음
강제 통용력	있음	없음
위조나 중복 사용의 방지법	특수한 종이, 인쇄 기술 등	암호 기술, 블록체인 기술

문에 누구에게나 받아들여지는 '일반적 수용성'의 성질을 수반한다.

이에 비해 비트코인의 경우에는 중앙에 화폐를 관리하는 주체가 존재하지 않는 것이 커다란 특징이다. 비트코인의 전체 구조는 기본적으로 프로그램에 의해 관리되며, 또한 전 세계의 비트코인 네트워크 참가자가 협력해서 비트코인에 의한 거래를 확인하고 처리한다. 비트코인에는 고도의 암호 기술이 활용되며, 이에 따라 코인의 부정한 복제나 중복 사용이 불가능하다. 암호 기술이 활용된다는 의미로 가상화폐를 '암호화폐(cryptocurrency)'라고 부르기도 한다. 법정통화가 특수한 인쇄 기술(특수 잉크, 워터마크, 홀로그램 등)로 위조를 방지하는 데 비해, 비트코인은 암호 기술로 안전성을 확보한다. 현실의 화폐와 비트코인의 주요한 특징을 비교한 것이 도표 1-1이다.

2

비트코인은
어떻게 사용하는가?

비트코인 거래에는 지갑과 주소가 필요 _____

현금으로 값을 치를 때 지갑에서 지폐나 동전을 꺼내 지불하듯, 비트코인도 거래를 하기 위해서는 '지갑(wallet)'이 필요하며 컴퓨터나 스마트폰 안에 설정된다. 이 지갑은 '디지털 지갑(digital wallet)'이라고도 불리며, 이를 통해 전 세계의 비트코인 유저에게 비트코인을 지불하거나 반대로 상대방에게서 비트코인을 받을 수 있다.

비트코인은 네트워크를 통해 보이지 않는 상대방과 거래하므로 어떤 지갑과 거래할지 특정하는 것이 중요하다. 이 때문에 각 지갑에는 '비트코인 주소'가 부여되어 있다. 이것은 비트코인을 이용하기 위한 '계좌 번호'로서 영어와 숫자가 혼합된 약 30자리의 문자열이다. 주

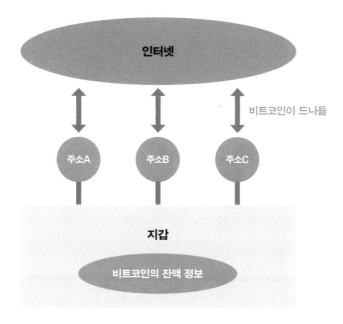

소는 하나의 지갑에 여러 개를 작성할 수 있고(도표 1-2), 거래마다 각기 다른 주소를 사용해서 비트코인을 주고받을 수 있다. 이는 주소를 통해 지갑의 주인을 특정하지 못하게 하기 위해서다.

　비트코인 지갑을 만들 때는 특별히 자신의 이름과 신분을 밝힐 필요가 없다.* 이 점은 본인 확인이 필요한 은행 계좌와의 커다란 차이며 비트코인의 '높은 익명성'으로 이어진다. 비트코인을 보낼 때는 수취인의 비트코인 주소를 지정해서 송부 절차를 밟는다.

---

* 가상화폐 거래소에 대한 규제가 도입된 나라에서는 본인 확인이 필요하다.

분산형 네트워크로 정보를 주고받는다 _____

전 세계에 있는 지갑들 사이에서 거래를 성립시키려면 지갑끼리 통신할 수 있도록 해야 한다. 이를 위해 비트코인에서는 'P2P 네트워크'를 채용한다. P2P란 peer-to-peer의 약자로, 클라이언트 서버(client-server)와 대립되는 개념이다.

클라이언트 서버 네트워크에서는 다수의 클라이언트에 대해 서버가 중앙에 딱 하나 설치되고, 각 클라이언트는 오직 서버와만 통신할 수 있다. 즉, 중앙에 있는 서버가 전체를 관리하면서 데이터를 유지·제공하는 한편, 각 클라이언트가 서버에 접속해서 데이터를 요구하는 중앙집권형 모델이다(도표 1-3의 ①).

이에 비해 P2P 네크워크는 네트워크에 접속한 컴퓨터끼리 대등한 입장과 기능으로 직접 통신하는 형태다(도표 1-3의 ②). P2P 네트워크상의 단말은 피어(peer) 또는 노드(node, 교점)라고 한다. P2P 네트워크는 각각의 노드가 데이터를 유지하는 동시에 다른 노드에 대등한 입장으로 데이터를 제공하거나 요구하는 '분산형 네트워크'라고 할 수 있다. 그러므로 분산형 네트워크에서는 리더라고 부를 만한 존재가 없다.

P2P 네트워크에서는 거래가 이루어지면 그 정보를 공유하기 위해 거래 내용이 브로드캐스트(broadcast)라는 방법으로 멤버 전원에게 동시에 통지된다. 다시 말해 네트워크 안에서는 어느 주소에서 어느 주소로 얼마나 거래가 이루어졌는지에 관한 정보를 전원이 공유하는

〔도표 1-3〕 클라이언트 서버 네트워크와 P2P 네트워크

❶ 클라이언트 서버 네트워크

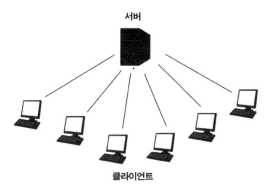

서버

클라이언트

❷ P2P 네트워크

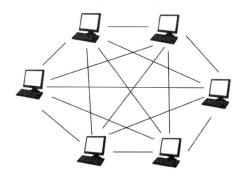

것이다.

비트코인은 이러한 분산형 네트워크를 채용하기 때문에 거래를 할 때마다 중앙에 있는 서버(중개업자 등)를 통할 필요가 없다. 따라서 참가자끼리 직접 비트코인을 주고받을 수 있고, 매우 저렴한 수수료로 송금(비트코인 지불)할 수도 있다.

비트코인을 입수하는 세 가지 방법 ─────────

비트코인을 입수하는 방법에는 크게 세 가지가 있다.

첫째, 비트코인 거래소에서 법정통화와 교환하는 방법이다. 전 세계 100곳 이상의 비트코인 거래소가 비트코인과 법정통화를 교환하고 있다. 이러한 거래소는 비트코인 외에 다른 가상화폐도 취급하기 때문에 가상화폐 거래소라고도 한다.

둘째, 상품이나 서비스의 대가로 비트코인을 받는 방법이다. 인터넷상의 온라인 매장이나 실제 매장 중 일부가 지불 수단으로 비트코인을 받는다. 매장과 고객이 모두 비트코인으로 결제할 준비가 되었다면 상품이나 서비스에 대한 대금을 비트코인으로 지불할 수 있다. 매장 측은 이런 방식으로 비트코인을 입수하게 된다.

셋째, 비트코인 거래를 승인하기 위해 필요한 복잡한 계산 처리를 수행해서 그 대가로 비트코인을 신규로 발행받는 방법이다. 이를 채굴(mining)이라고 한다(뒤에서 자세히 설명하겠다).

3

비트코인의
신기한 메커니즘

비트코인은 어떠한 구조로 거래할 수 있는 것일까? 여기에서는 되도록 기술적인 세부 사항까지 깊이 들어가지 않고 간결하게 설명하겠다.

고도의 암호 기술로 부정을 방지

비트코인은 디지털 데이터로 이루어진 가상화폐다. 가상화폐는 동일한 데이터를 사용해 지불을 두 번 하는 행위인 중복 사용(double spending), 가짜 데이터로 지불하는 행위(위조) 등에 일반적으로 취약하다. 그래서 부정 사용을 방지하기 위해 비트코인은 암호 기술을 도입했다.

더 구체적으로 말하자면 '디지털 서명(digital signature)'이라는 기술이 이용되고 있다. 이는 전자적인 기록(데이터)에 대해 이루어지는 전자적인 서명으로 종이 서류의 실제 서명이나 날인에 해당하는 기능이다. 비트코인의 데이터에는 그 소유자의 서명이 첨부되어 있고, 올바른 서명이 가능한 사람만이 거래(다음 사람과 비트코인을 주고받음)를 할 수 있다. 송신자는 비트코인의 데이터를 바탕으로 자신의 디지털 서명을 첨부해서 보내고, 수신자는 그 서명이 확실히 송신자의 것인지 확인한다.[*]

이로써 비트코인을 보낸 사람이 확실히 서명자일 것(본인 확인), 통신 도중에 금액이 변경되지 않을 것(조작 방지), 서명자가 비트코인을 보냈다는 사실을 나중에 부정하지 않을 것(부인 방지) 등의 조건이 만들어진다. 비트코인에서는 이러한 디지털 서명을 체인 모양으로 연결함으로써 비트코인 주고받기의 정당성을 확인하는 것이 기본 원리다.

중복 사용을 방지하는 블록체인의 구조 _____

비트코인에서는 '블록체인'이라는 핵심 기술을 사용한다. 이는 일정 시간의 '거래 묶음(이를 '블록'이라고 함)'을 시계열로 체인처럼 연결해서 기록해나가는 구조다. 비트코인 거래를 적어넣는 '장부'가 체인

---

[*] 이 과정은 비밀 키나 공개 키 등의 개념을 통해 이해해야 하며 책에서는 깊이 다루지 않겠다.

모양으로 이어져서 블록체인이라는 이름이 붙었다(도표 1-4). 참가 멤버들이 이 블록을 차례차례 서로 올바른 것이라고 승인함으로써 데이터 조작이나 중복 사용이 불가능해진다.

정당한 비트코인 소유자가 수취인A와 수취인B에게 동시에 같은 코인을 양도한 경우(중복 사용)에는 네트워크상에서 어느 한쪽만을 올바른 거래라고 결정해야 한다. 이를 가능하게 하는 것은 이전까지의 정당한 거래 데이터를 활용해서 다음의 정당한 거래 데이터를 승인하는 블록체인 시스템이다.

하나의 블록 안에는 일정 기간 동안의 수많은 거래 데이터, 앞 블록의 해시값, 논스값으로 불리는 수치 등 세 가지가 포함된다(도표 1-5).

〔도표 1-4〕 블록체인의 개요

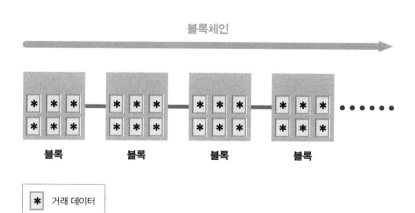

거래 데이터

거래 데이터에는 송금액과 송금인 등의 거래 정보가 포함된다. 비트코인에서는 10분당 하나꼴로 블록을 작성하고, 그 10분간의 거래 데이터(트랜잭션 이력)가 블록에 수납된다. 즉, 10분마다 그사이에 이루어진 거래의 정당성이 확인되고 이후의 거래로 이어져가는 것이다.

해시값

해시값(hash value)이란 원래 데이터에서 일정한 계산 방법으로 구해지는 규칙성 없는 고정 길이의 값을 말한다. 원래 데이터에서 해시값을 구하는 계산법을 해시 함수라고 말한다. 해시 함수는 동일한 데이터로는 반드시 동일한 해시값을 출력하지만, 조금이라도 데이터가 달라지면 완전히 다른 해시값을 만들어낸다. 예를 들면, 도표 1-6처럼 'Bitcoin'에서 'Vitcoin'으로 원래 데이터에서 한 글자만 변경했

〔도표 1-5〕 블록체인의 블록에 포함되는 데이터

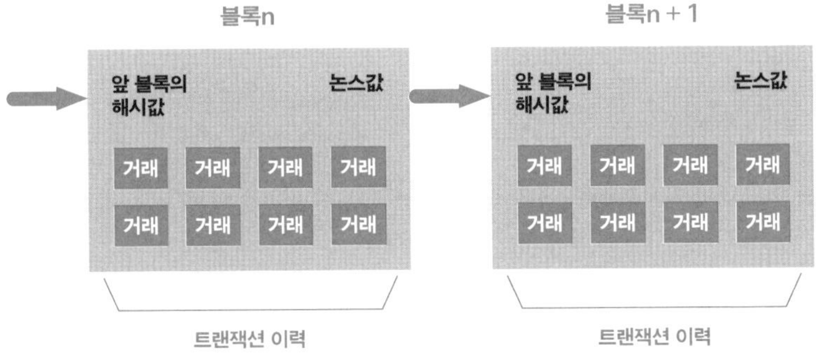

〔도표 1-6〕 해시 함수의 사례

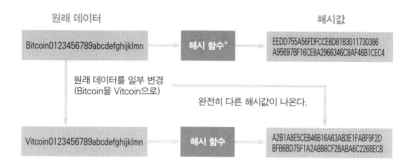

원래 데이터

Bitcoin0123456789abcdefghijklmn → 해시 함수* → EEDD755A56FDFCCE8D8183011730386 A95697BF16CE8A2966346C8AF46B1CEC4

원래 데이터를 일부 변경
(Bitcoin을 Vitcoin으로)

완전히 다른 해시값이 나온다.

해시값

Vitcoin0123456789abcdefghijklmn → 해시 함수 → A2B1A8E5CEB46B16A63AB3E1FABF9F2D BFB6BD75F1A2ABB6CF2BABA6C2268ECB

* 비트코인에서도 사용되는 SHA-256을 활용했다.

을 뿐인데도 해시값은 완전히 다르게 나온다.

해시 함수는 출력값(해시값)에서 입력값(원래 데이터)을 복원할 수 없게 만들어지며, 그런 성질을 일방향성이라고 한다. 또한 해시 함수에는 압축 함수가 포함되어 막대한 데이터량을 고정 길이의 짧은 데이터로 압축해 변환한다. 이에 따라 데이터량을 늘리지 않고도 조작 방지 등에 이용할 수 있다.

논스값

논스값(nonce)이란 number used once의 약자로, 단 한 번만 사용하고 버리는 숫자를 뜻한다. 사실 이 논스값 자체에는 특별한 의미가 없다. 다만 논스값에 따라 다음 블록에 사용하는 '앞 블록의 해시값'이 바뀐다는 점이 핵심이다.

블록 전체 데이터는 '앞 블록의 해시값+거래 데이터+논스값'으로 구성된다. 이 중에서 '앞 블록의 해시값+거래 데이터'는 이미 정해져 있어서 다음 블록에 사용하는 해시값을 조정하기 위해 바꿀 수 있는 것은 논스값밖에 없다.

비트코인에는 다음의 신규 블록을 추가하려면 그 블록의 해시값이 일정한 조건을 충족해야 한다는 규칙이 있다. 일정한 조건이란 구체적으로 해시값의 선두에 일정 수 이상의 0이 이어지는 것을 의미한다. 이 때문에 신규 블록을 추가하기 위해서는 이 조건을 충족하는 해시값을 만들어내는 적절한 논스값을 찾아낼 필요가 있다.

이처럼 비트코인은 블록체인이라는 기술을 활용해서 비트코인의 거래(거래가 이루어진 시점에는 미승인)를 10분마다 정리하고 하나의 블록으로 일괄 승인하는 구조를 지닌다. 새롭게 승인된 블록은 이전까지 기다란 하나의 체인 모양으로 이어진 블록체인의 맨 뒤에 추가된다.

복잡한 계산을 하는 작업 증명 ──────────

작업 증명(Proof of Work)은 비트코인에서 위조와 중복 사용을 방지하기 위해 거래를 승인해가는 중심적인 구조다. 이는 앞에서 말한 논스값을 계산하는 것을 뜻한다. 구체적으로 작업 증명은 '앞 블록의 해시값+거래 데이터+논스값'으로 신규 블록에 사용할 해시값을 구한 뒤, 그 해시값의 선두에 일정 수 이상의 0이 연속적으로 나타나도록 하는 논스값을 구하는 것을 가리킨다.

해시 함수는 일방향성의 함수이므로 출력값(해시값)에서 입력값(블록 전체의 데이터)을 역으로 계산할 수 없다. 따라서 작업 증명을 하기 위해서는 논스값에 가능한 수치를 일일이 넣어가며 블록 전체의 해시값을 구해보는 방법으로 계산해야 한다. 이 연산 방법으로는 가능성 있는 조합을 닥치는 대로 시도해볼 수밖에 없기 때문에 매우 막대한 계산량이 필요해진다.

이렇게 해서 조건을 충족하는 해시값을 이끌어내는 논스값이 구해지면 새로운 블록이 작성되며 이를 '거래 승인'이라고 한다. 이로써 그 블록에 포함된 모든 거래가 그 시점에 승인되고, 거래가 확정된다. 비트코인에서는 이 계산에 약 10분이 소요되도록 설정되어 있어서 10분마다 거래가 하나로 묶여 승인되어가는 것이다.

만약 악의적인 공격자가 비트코인을 위조하려고 한다면 어떻게 될까? 비트코인 위조란 비트코인의 거래 데이터를 조작하는 것이므로, 그것을 바탕으로 한 해시값도 바뀌고 논스값도 다시 계산해야 한다. 그리고 위조한 데이터를 정당한 것으로 만들기 위해서는 다음 블록의 작업 증명도 다시 계산해야 할 뿐 아니라, 다음 블록의 논스값도 다시 계산해야 하며…, 이런 식으로 최신 블록까지 일일이 조작해야 한다. 그러기 위해서는 막대한 작업량이 필요하며, 전 세계 계산자의 계산 능력을 모두 합한 것보다 높은 계산 능력(컴퓨터의 처리 능력)을 지녀야 한다. 즉, 수많은 선의의 계산자가 존재하는 세상에서 악의적인 공격자의 계산 능력은 올바른 거래 승인의 속도를 쫓아갈 수 없고, 결국 위조가 매우 힘들어지는 구조가 된다.

이처럼 작업 증명은 비트코인에서 보안의 근간을 이루는 시스템이다. 비트코인의 보안 시스템 자체라고 말해도 좋을 정도다.

암호 기술, 블록체인 기술, 작업 증명 등의 기술이 조합되어 비트코인의 안전한 거래가 가능하다. 이렇게 복잡한 구조가 필요해진 이유는 무엇일까? 그것은 비트코인이 서로 얼굴도 모르고 이름도 모르는, '상호 신뢰할 수 없는' 관계의 참가자끼리 사용하는 것을 전제로 하기 때문이다.

4

비트코인의 신규 발행,
채굴 시스템

새로운 비트코인을 받을 수 있는 채굴 ──────────

채굴(mining)이란 비트코인 거래 승인에 필요한 계산(컴퓨터 연산)을 실행한 사람에게 일정한 비트코인을 부여하는 시스템이다. 작업 증명을 수행해서 어떤 한 블록에 대해 처음으로 최적의 논스값을 구한 사람에게는 그 보상으로서 신규 발행된 비트코인이 지급된다. 새로운 블록이 생기는 순간, 비트코인이 신규로 발행되는 셈이다. 또한 화폐로서의 비트코인 신규 발행(이른바 '비트코인 공급')은 이 채굴을 통해서만 이루어진다.

채굴은 복잡한 계산을 풀고 처음으로 해답을 내놓는 한 명의 참가자에게만 보상으로서 신규 발행된 비트코인이 주어지는 구조다. 다시 말해 보상을 얻기 위해서는 반드시 전 세계에서 누구보다 빠르게 계산 문제를 풀어야 한다.

채굴은 승인 경주라고도 불리는 치열한 경쟁 과정이며 오로지 1등에게만 보상이 주어지는 승자 독식 방식(winner-take-all)이다. 그리고 그렇게 찾아낸 해답이 올바른지는 두 번째 이후의 사람들이 체크하며, 복수의 사람이 승인하면 그 블록은 인증되고 블록체인 흐름의 맨 뒤에 추가된다. 이런 식으로 비트코인의 거래 데이터가 포함된 블록이 체인 모양으로 이어져간다.

이처럼 계산으로 무에서 유를 창조하는 과정을, 광산에서 금을 캐내는 것에 비유해 '채굴'이라고 부른다. 또한 계산 작업을 수행하는 사람을 '채굴자(miner)'라고 한다.

비트코인은 전체 관리자나 코인 발행자가 존재하지 않는다. 따라서 채굴할 때 누군가가 새로운 비트코인을 발행하는 것이 아니다. 채굴을 수행한 사람에게 비트코인 프로그램에 의해 자동으로 새로운 코인이 생성되어 주어지도록 정해져 있을 뿐이다.

비트코인의 안전성 확보를 위한 채굴 _____

복잡한 계산을 하면 화폐를 받을 수 있다는 점은 처음으로 비트코인 시스템을 접했을 때 좀처럼 이해하기 힘들다. 화폐는 어떠한 대가를 바탕으로 발행되어야 한다는 것이 사회적 통념이기 때문이다.

실제로 달러화나 엔화, 원화 등 법정통화는 어떠한 대가를 토대로 발행된다. 예를 들어 일본은행이 민간 은행인 A은행에서 국채를 매입하고, 그 대금을 A은행의 일본은행 당좌예금에 입금한다고 하자. 그리고 A은행에서는 고객을 위해 필요하면 일본은행 당좌예금에서 은행권을 출금한다. 은행권이 일본은행에서 출금되는 시점에 은행권이 발행되는 셈인데, 이 경우에 은행권은 국채를 대가로 입금된 일본은행 당좌예금을 출금해서 발행되는 것이다.

이와 달리 비트코인이 계산 수행으로 화폐를 발행한다는 기묘한 시스템을 취한 이유는 무엇일까? 비트코인의 안전한 거래를 확보하기 위해서는 작업 증명이 필수적이기 때문이다.

누군가가 이 계산을 수행하고 일정 기간마다 거래 승인을 해주지 않는다면 비트코인의 블록체인은 앞으로 뻗어나가지 못한다. 그러면 비트코인의 안전성은 확보되지 못하고 위조와 중복 사용의 위험에 끊임없이 노출되고 만다. 따라서 비트코인의 안전성을 확보하기 위해서는 채굴이 확실히 이루어져야 하는데, 이 작업을 자발적인 무료 자원봉사 활동에 맡길 수는 없는 노릇이다. 그래서 계산 작업에 대해 보상 지급이라는 경제적 인센티브 시스템이 도입된 것이다. 채굴의 보상을 얻기 위해 각각의 비트코인 참가자가 이기적으로 행동하는 것은 전체적으로 비트코인 시스템을 올바르게 작동시키고 모두의 이익으로 교묘하게 이어진다.

이러한 시스템하에서 채굴자들은 신규 코인이라는 보상을 얻기 위해 24시간, 365일에 걸쳐 부지런히 대형 컴퓨터를 돌리고 복잡한 계산을 수행하고 있다. 그리고 그 덕분에 비트코인의 안전성이 확보되고 시스템이 유지된다. 즉, '비트코인의 안전성', '채굴', '신규 화폐의 발행' 등 세 가지는 모두 밀접한 관련을 맺는 하나의 세트이며, 동전의 양면처럼 떼어낼 수 없는 메커니즘이다.

이처럼 비트코인은 계산 작업을 토대로 신규 발행되기에 국제결제은행이 언급했듯 '특정 개인이나 기관의 부채가 아니고, 또한 당국의 보증도 받지 않는다'라고 할 수 있는 존재다.

이외에도 중앙에 관리자가 없다(중앙은행이 존재하지 않는다)는 점, 누구의 부채도 아니라는 점, 그리고 계산에 성공하면 보상으로 신규 발행된 화폐를 받을 수 있다는 점 등의 특징들을 살필 때 비트코인은 화폐로서 (정말로 그게 화폐라면) 꽤나 상식을 파괴하는 화폐라고 할 수 있다. 그런 의미에서 비트코인은 화폐의 개념을 새삼 고민하게 만든다.

5

비트코인과 유사한 가상화폐,
1,000종이 넘는 알트코인

가상화폐라고 하면 비트코인만 떠올리는 사람도 많을 것이다. 그러
나 실제로는 비트코인 시스템을 모방하거나 수정한 가상화폐가 많이
있다.

이처럼 비트코인과 유사한 가상화폐를 알트코인(altcoin)이라고 한
다. 이는 alternative coin의 약자로, 비트코인을 대체하는 코인이라
는 의미다. 비트코인 시스템을 모방해 만들어진 것이 대부분이라서
비트코인 클론(Bitcoin clone)이라고도 한다.

가상화폐를 조사하는 웹사이트*에 따르면 지금까지 1,049종의 가
상화폐가 나왔다고 한다(즉, 비트코인을 제외한 알트코인은 1,048종이다).

---

* https://coinmarketcap.com/ 2017년 8월 중순 기준.

가상화폐의 규모를 살펴볼 때는 주식과 마찬가지로 시가총액 개념을 흔히 사용한다. 이는 '발행량×가격'으로 산출되며, 발행량이 많을수록 또한 가격이 높을수록 시가총액은 커진다.

주요 10개 가상화폐의 시가총액을 도표 1-7에 제시했다. 이를 살펴보면 비트코인이 시가총액 560억 달러(약 62조 원)로 압도적인 1위임을 알 수 있다. 2위인 이더리움이 279억 달러(약 31조 원), 3위인 리플이 69억 달러(약 7조 원)로 비트코인은 다른 가상화폐에 비해 한 차원 다른 규모다. 그리고 4위인 비트코인 캐시는 2017년 8월 비트코인에서 분열된 가상화폐다(2장 참조).

가상화폐 전체의 시가총액에서 차지하는 점유율은 1위인 비트코인이 46퍼센트고, 이어서 이더리움이 23퍼센트, 리플이 6퍼센트, 비트코인 캐시가 4퍼센트에 불과하다. 5위인 넴(NEM) 이하의 알트코인은 점유율이 각각 2퍼센트 이하다. 상위 10개 화폐가 총 87퍼센트의 점유율을 차지하며, 나머지 1,000종 이상의 알트코인을 다 합쳐도 점유율이 13퍼센트밖에 되지 않는다.

이처럼 대부분의 알트코인은 거의 보급되지 못한 실정이다. 가상화폐 거래소에서조차 거래 대상으로 취급하지 않는 알트코인을 정크코인(junk coin)이라고 부르기도 한다. 다만 그중에서도 독자적인 기능을 갖추거나 조금 더 간편하게 사용할 수 있도록 만들어져서 인기를 얻는 알트코인이 나올 가능성도 있다. 2위인 이더리움은 2015년 7월 배포된 비교적 최근의 가상화폐인데, 비트코인에서 약 10분 정도 걸리던 거래 승인 시간이 10~15초 정도로 단축됐고, 통상적인 컴퓨터로도 채굴이 가능해졌으며, 더욱 간편하게 사용할 수 있게 설계됐다. 또한 이더리움은 다양한 계약과 조합해서 사용할 수 있어서 차세대 가상화폐로 기대가 모아져 시가총액도 급격히 확대됐다.

이처럼 가상화폐에는 수많은 종류가 있지만, 현시점에서는 역시 비트코인이 가장 중심적인 역할을 차지한다고 하겠다. 다만 비트코인의 점유율은 2014년에 93퍼센트, 2017년 3월 말에 87퍼센트였을 만큼 한때 압도적이었으나 2017년에 급격히 낮아지면서 50퍼센트 밑으로 하락했다.

〔도표 1-7〕 가상화폐의 시가총액

순위	가상화폐 이름	시가총액 (단위: 100만 달러)	점유율 (단위: %)
1	비트코인(Bitcoin)	56,037	45.6
2	이더리움(Ethereum)	27,850	22.7
3	리플(Ripple)	6,907	5.6
4	비트코인 캐시(Bitcoin Cash)	4,570	3.7
5	넴(NEM)	2,611	2.1
6	라이트코인(Litecoin)	2,441	2.0
7	네오(NEO)	1,750	1.4
8	이오타(IOTA)	1,562	1.3
9	대시(Dash)	1,501	1.2
10	이더리움 클래식(Ethereum Classic)	1,434	1.2
	1~10위 합계	106,663	86.8
	그 밖의 가상화폐들과 합친 총계	122,873	100.0

출처: CryptoCurrency Market Capitalizations(2017년 8월 중순 기준)

6

비트코인은 과연
화폐인가?

비트코인을 고찰할 때 '비트코인이 과연 화폐일까?'라는 문제는 그냥 지나칠 수 없다. 이를 검토하려면 법률적인 측면, 금융적인 측면으로 나누어 생각할 필요가 있다.

법률적으로는 통화가 아니다?

일단 법률적인 측면부터 살펴보자. 2014년 2월 오쿠보 쓰토무 참의원 의원은 일본 정부에 '비트코인에 관한 질의서'를 제출했다. 이에 대한 내각총리대신 명의의 일본 정부 답변서는 다음과 같다. 답변서 내용 중 밑줄은 필자가 그었으며 표현을 일부 변경했다.

일본에서 통화란, 화폐에 관해서는 '통화의 단위 및 화폐 발행 등
에 관한 법률'에서 액면가격의 20배까지, 일본은행권에 관해서는
'일본은행법'에서 무제한으로, 각각 '법화'로 통용되는 것이며, 비
트코인은 통화에 해당하지 않는다.
민법에서 '통화'는 '강제 통용력'을 지닌 화폐 및 일본은행권이고,
이를 이용한 '금전 채무의 변제'가 당연히 유효하다고 해석되며,
강제 통용력이 법률상 담보되지 않는 비트코인은 '통화'에 해당
하지 않는다.

이를 보면 일본 정부는 꽤 단호하게 '비트코인은 통화가 아니다'
라고 단정한다. 그 이유로 '법률에서 통화로 정해놓은 것에 포함되지
않기 때문에, 비트코인은 통화가 아니다'라는 일종의 동어반복적인
설명을 덧붙인다. 민법에 관한 설명에서도 강제 통용력을 지닌 것만
이 통화이기 때문에 '강제 통용력이 부여되지 않은 비트코인은 통화
가 아니다'라고 해서, 결국 '통화가 아니기 때문에 통화가 아니다'라
는 하나 마나 한 답변이 되었다.

일본 정부는 비트코인을 수행 기능이나 그 성격에 비춰 법률상 어
떻게 판단해야 할지와 같은 본질적인 부분에 대해서는 아무런 기
준도 제시하지 않았다. 예를 들어 강제 통용력은 없지만 거래상 교
환이나 변제를 위해 통용되는 비트코인을 자유화폐로 인정하는 접
근법*이나, 통화의 특징을 지니지만 중앙은행의 채무로서 발행하는
소브린 통화(sovereign currency)가 아닌 비소브린 통화(non-soverign

currency)로 비트코인을 파악하는 견해[**]도 존재한다. 일본 정부의 답변서에서는 이러한 가능성에 관해 전혀 언급하지 않았다.

한편 2017년 4월부터 시행된 '개정 자금결제법(2장 참조)'은 가상화폐를 '불특정 사람과의 사이에서 물품이나 서비스 구입에 대한 대가의 변제를 위해 사용할 수 있는 재산적 가치'로 정의했다. 가상화폐를 '결제 수단으로 사용할 수 있는 재산적 가치'로 정의 내린 것이다. 이는 가상화폐의 역할로 봤을 때 가상화폐가 통화에 준하는 기능을 담당하고 있음을 인정했다고 해석할 수 있다.

그러나 화폐나 통화에 관한 법률이 아니라 어디까지나 '자금결제법'에 의한 규정일 뿐이므로, 일본 정부는 가상화폐가 법률적으로 통화가 아니라는 기존의 입장을 엄연히 견지하고 있다고 보인다. 이처럼 비트코인을 비롯한 가상화폐는 일본에서 법률적으로 보면 결제 수단의 하나로 정식 인정되었고, 통화는 아니지만 통화에 준하는 것으로 자리매김했다.

2017년 7월 일본 정부는 비트코인을 포함한 가상화폐를 구입할 때 부과하던 소비세를 철폐했다.[***] 따라서 세금 제도 면에서도 가상화폐가 물건이나 서비스가 아니라 지불 수단으로서 자리매김했음이 더욱 명확해졌다.

---

[*] 오카다 히토시·다카하시 이쿠오·야마자키 주이치로(2015), p120.
[**] BIS(2015).
[***] 이전까지 주요 7개국(G7) 가운데 가상화폐에 소비세를 부과하던 나라는 일본뿐이었다.

화폐의 3대 기능을 충족하는가? _____

이에 비해 경제학의 한 분야인 금융론에서는 비트코인을 어떻게 바라볼까?

일반적으로 금융론에서는 화폐에 일반적 교환 수단, 가치의 척도, 가치의 저장 수단이라는 세 가지 기능이 있다고 논한다. 이를 '화폐의 3대 기능'이라고 한다. 비트코인이 이들 기능을 충족한다면 비트코인은 화폐에 해당할 것이고, 그렇지 않다면 화폐에 해당하지 않을 것이다.

첫째, '일반적 교환 수단'이란 교환 수단 또는 지불 수단으로서의 화폐 기능이다. 화폐를 상대방에게 건네줌으로써 자신이 원하는 물건이나 서비스를 손에 넣는 기능이다. 이미 수천 개나 되는 인터넷상의 전자 상거래 사이트에서 비트코인으로 물건이나 서비스를 구입할 수 있다. 또한 세계적으로 약 9,500곳의 실제 매장에서도 비트코인으로 대금을 지불할 수 있다.* 매매할 수 있는 상품도 귀금속, 의류, 액세서리부터 전기 제품, 서적까지 광범위하다(도표 1-8). 따라서 비트코인은 한정적이기는 하지만 일반적 교환 수단으로서의 기능을 갖췄다고 할 수 있다.

둘째, '가치의 척도'란 물건이나 서비스의 가치를 객관적으로 나타내는 기능이다. 예를 들어 셔츠 10만 원, 택시비 3만 원, 아이스

---

* https://coinmap.org/ 2017년 8월 기준.

〔도표 1-8〕 비트코인으로 매매할 수 있는 물건과 서비스

귀금속, 의류, 액세서리, 장난감, 비디오게임, 가정용품, 정원 용품, 사무 용품, 피트니스 용품, 스포츠 용품, 애완동물 용품, 공예품, 전기 제품, 자동차, 자동차 용품, 악기, 여행, 호텔, 식품, 차, 담배, 서적, 교육, 음악, 도박, 불법 약물

〔도표 1-9〕 상품에 비트코인으로 가격 표시를 한 사례

he Cryptomat Silver (37 of 200) LIMITED EDITION

$ 888.00

0.881924 BTC

Bitcoin Snapback Hat

$ 28.00

0.027742 BTC

출처: https://store.bitcoin.com

크림 2,000원처럼 '원'이라는 화폐 단위는 서로 다른 물건이나 서비스를 공통의 척도로 나타낼 수 있다. 비트코인을 수령하는 인터넷상의 전자 상거래 사이트에서는 손목시계 0.881924BTC, 모자 0.027742BTC와 같이 물건의 가격을 표기하므로, BTC가 가격을 표시하기 위해 일정한 기능을 담당하고 있음을 알 수 있다(도표 1-9). 다만 비트코인의 가격이 예상외로 급등해버렸기 때문에 BTC의 표시

가격이 소수점 이하의 세밀한 수치가 되어버렸고, 가격 표시 기능으로서 약간 납득하기 힘들어졌다는 점은 아쉽다(이런 점에서 비트코인의 설계 단계에서는 현재와 같은 높은 가격을 상정하지 않았으리라 추측할 수 있다).

셋째, '가치의 저장 수단'이란 장래를 대비해 가치를 쌓아둘 수 있는 기능이다. 화폐를 가지고 있으면 장래의 일정한 시점까지 언제든지 사용할 수 있는 상태로 그 가치를 안전하게 저장해둘 수 있다. 애초에 비트코인이 주목받게 된 계기는 2013년 3월 발생한 키프로스 금융 위기였다. 당시에 키프로스에서는 은행 예금에 대한 과세나 예금 봉쇄가 검토되고 일부는 실시되었다. 이에 따라 예금 봉쇄를 우려한 키프로스의 자금(대부분은 러시아의 자금으로 추측되었다)이 비트코인으로 유출되어, 비트코인의 시세는 이전까지의 '1BTC = 5달러'에서 '1BTC = 250달러' 이상으로 단숨에 치솟았다. 당시에 비트코인은 자금의 안전한 피난처(safe-heaven asset)로서 인기를 끌었다.

그리고 장래의 비트코인 가격 상승을 기대한 비트코인 전용 투자 펀드도 조성되었다. 이 펀드는 영화 「소셜 네트워크(The Social Network)」에서 마크 저커버그(Mark Zuckerberg, 페이스북 CEO)의 경쟁자로 그려져서 단번에 유명해진 윙클보스 형제가 만들었다. 이처럼 비트코인은 가치의 저장 수단으로서도 일정한 기능을 담당하고 있다.

이상과 같이 일반적 교환 수단, 가치의 척도, 가치의 저장 수단 등 세 가지 기능으로 살펴보면 비트코인은 각 기능별로 (꽤 한정적이기는 하지만) 어느 정도의 몫을 담당하고 있어서 기능적으로는 화폐로 일정한 역할을 다하고 있다고 여겨진다(도표 1-10). 앞에서 살펴봤듯이

〔도표 1-10〕 비트코인과 화폐의 3대 기능

화폐의 3대 기능	기능	범위	이유
일반적 교환 수단	○	△	인터넷 매장과 실제 매장 수천 곳에서 비트코인으로 대금을 지불할 수 있다. 다만 그 범위는 한정적이다.
가치의 척도	○	△	비트코인을 수령하는 사이트에서는 BTC로 가격을 표시한다. 다만 그 범위는 한정적이다.
가치의 저장 수단	○	○	투자(투기) 목적으로 보유하는 경우가 대부분이다. 비트코인은 키프로스의 예금 봉쇄 사건으로 주목받기 시작했다. 비트코인 전용 펀드가 있다.

일본의 경우에 비트코인은 법률적으로는 통화가 아니지만, 금융론에 따른 기능 면에서는 화폐에 아주 가까운 기능을 담당하고 있다. 다만 비트코인으로 가격 표시를 하고 비트코인을 교환 수단으로 이용할 수 있는 매장 수는 법정통화가 통용되는 매장 수에 비해 매우 한정적이다. 비트코인을 실제로 사용할 수 있는 범위를 법정통화와 비교하면 천양지차라고 할 수 있다.

화폐보다는 자산으로 이용되다

이렇듯 비트코인은 화폐의 세 가지 기능을 어느 정도씩 하는 것처럼 보인다. 하지만 비트코인의 실제 이용 상황을 보면 일반적 교환 수단, 가치의 척도로서의 이용 방법은 꽤 한정적이고, 가치의 저장 수단으로서 이용하는 사례가 많다. 즉, 장래의 가격 상승을 고려한 투자(혹은 투기) 목적을 지니고, 비트코인을 자산으로서 이용하는 경우가 대부분이다.

교환 수단이나 가치의 척도로서의 이용이 한정적인 이유는 첫째, 비트코인의 가격 변화가 심하다는 점을 들 수 있다. 하루에 10~15퍼센트나 가격이 변동되어 지불 수단으로 사용하거나 가격의 척도로 삼기에 너무나 부적합하다. 둘째, 비트코인에 내재하는 시스템으로서 발행 상한이 있고(2장 참조), 이 때문에 장래의 공급량이 감소하고 그에 따라 가격이 상승할 것으로 내다본 투자(혹은 투기)의 움직임이 활발해졌다는 점을 들 수 있다. 장래의 가격 상승에 대한 기대가 높을수록 아무도 비트코인을 현재의 지불 수단으로 사용하고 싶어 하지 않을 것이다.

많은 사람이 화폐를 지불 수단으로 안심하고 사용하기 위해서는 그 화폐의 현재 가격이 안정적인 동시에 장래에도 안정된 가치를 유지할 것이라는 전제가 있어야 한다. 그러나 비트코인은 가격이 심하게 요동쳐서 현재로서는 그러한 조건을 충족하지 못하고, 따라서 지불 수단으로서 폭넓게 사용되는 진정한 화폐가 되지 못했다.

한편 비트코인의 이용 방법을 거액 거래, 소액 거래, 지불과 수령 등으로 나누어 개별 지갑마다 그 이용 방법을 파악하려는 연구가 있었다.* 이 연구에 따르면 비트코인으로 소액 거래와 지불을 하는 '화폐 유저(지불 수단으로 비트코인을 사용하는 사람)'의 비트코인 보유량은 전체의 약 2퍼센트에 지나지 않았다. 이에 비해 '소극적 투자가(비트코인을 수령하기만 하고 지불을 전혀 하지 않는 사람)'와 '채굴업자'의 비트코인 보유량은 50퍼센트 이상을 차지했다. 이를 통해 연구자는 비트코인을 순수하게 가치의 교환 수단으로 사용하는 유저는 매우 한정적이라고 결론지었다.

또한 연구자는 각 지갑의 잔액이나 연간 거래 건수를 살펴봤을 때 비트코인 시장이 채굴업자와 소극적 투자가가 중심인 구조라고 분석했다. 채굴업자가 채굴로 얻은 비트코인을 시장에서 차례차례 매각하고, 그것을 소극적 투자가가 투자 목적으로 차례차례 구입하는 도식이 비트코인 시장의 중심적 구도인 것이다(도표 1-11).

일본 언론에서는 실리콘밸리나 뉴욕의 수많은 매장에서 사용할 수 있다는 등 미국의 스타벅스에서 커피를 살 수 있다는 등 일본에서도 사용할 수 있는 가게가 1,000곳이 넘었다는 등, 비트코인을 사용할 수 있는 매장의 수와 종류가 늘었다고 호들갑을 떨면서 대금 지불이 가능한 화폐라는 측면을 자주 부각한다. 하지만 사실 비트코인은 교환 수단으로서의 이용이 한정적이고, 가치의 저장 수단 기능인 투자용 자산(investment asset)으로서의 이용이 중심이 된 상황이다.

소비자에게 비트코인의 최대 장점은 저렴한 비용으로 대금을 지불(해외 송금 등)할 수 있다는 것이다. 그러나 비트코인은 가상화폐라고 호들갑을 떠는 데 비해서는 그 장점을 제대로 살린, 대금 지불을 위한 화폐로서는 그다지 이용되지 않는다. 오히려 오로지 가격 상승을

---

* Baur, D. G., Hong, K., Lee, A. D.(2016).

〔도표 1-11〕 비트코인 시장의 중심적인 구도

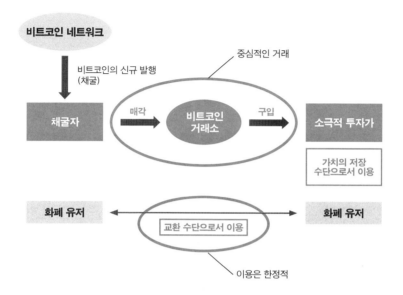

기대하는 투자용 자산(투자 상품)으로서만 이용되는 것이 현 실태임을
인식해야 한다.

2장

가상화폐에
미래는 있는가?

After
Bitcoin

비트코인에 관해서는 일반적으로

화폐 역사상 커다란 혁명, 화폐의 미래를 바꿀 존재라는 등의

장밋빛 전망이 많았다.

또한 그런 견해를 배경으로 가상화폐에 흥미를 보이는 사람도 늘어나

비트코인에 대한 투자도 활발해졌고 비트코인 가격도 상승했다.

이번 장에서는 그러한 상황 인식하에

비트코인을 둘러싼 불미스러운 사건의 발생,

비트코인의 보유 · 매매와 채굴자의 관계,

비트코인 시스템 자체에 내재하는 우려 사항,

비트코인의 분열 소동, 정부 규제로 인한 영향 등의 관점에서

가상화폐에 미래는 있는지를 고찰해보겠다.

또한 말미에서 비트코인 시세가 버블이 될 가능성에

관해서도 검토하겠다.

비트코인의 신뢰성에
타격을 준 사건들

해외의 은행 관계자들은 비트코인이 화폐로서의 신뢰성을 잃었고, 신뢰성 없는 화폐는 금융의 도구로 사용할 수 없다며 비트코인에 거리를 두려는 자세를 보인다. 그 배경에는 비트코인의 신뢰성이 손상된 몇몇 사건이 있었다. 주요 사건으로는 실크로드 사건, 마운트곡스사건, 랜섬웨어 사건 등을 들 수 있다.

비트코인이 불법 거래에 사용된 '실크로드 사건' ____

비트코인 거래는 매 건마다 누구나 볼 수 있는 형태로 네트워크에 공개된다. 어떤 주소와 어떤 주소가 언제 어떤 거래를 했는지에 관해 네트워크상에서 열람할 수 있고, 누구나 볼 수 있다. 다만 비트코인을 사용할 때는 개인 정보를 공개할 필요가 없으므로 특정 주소를 특정 개인과 결부할 수 없다. 이는 은행권에 인쇄된 일련번호(알파벳과 숫자의 조합)로 그 은행권의 보유자를 특정할 수 없는 것과 유사하다. 이러한 비트코인의 성격을 악용해서 문제가 된 '실크로드 사건'이 있다.

불법 약물을 거래하는 암거래 사이트

실크로드(Silk Road)는 미국에서 불법 약물 등을 부정하게 판매하던 웹사이트다. 이 웹사이트는 마리화나, LSD, 헤로인, 코카인 등의 금지 약물을 광범위하게 판매했다. 또한 불법 약물 외에도 대포통장, 신용카드 정보, 위조 면허증 등 온갖 불법 물품이 거래되었다(도표 2-1). 실크로드는 2011년 특별한 수단에 의해서만 접속할 수 있는 인터넷인 심층 웹(deep web)으로 만들어졌다.

이 암거래 사이트에서 유일한 결제 수단이었던 것이 바로 비트코인이었다. 인터넷에서 대금 지불은 신용카드나 이체로 이루어지는 게 일반적이지만, 그래서는 누가 불법 약물을 구입했는지 금방 들키고 만다. 이에 비해 비트코인으로는 설령 그 거래에 문제가 생겼다 하더라도, 어느 주소에서 지불되었는지를 특정할 수 있지만 그 주소가 누구 것인지까지는 특정할 수 없다. 여러 지갑과 주소를 자유롭게 만들 수 있는 비트코인은 높은 익명성*을 지닌다. 실크로드 사건에서는 비트코인의 익명성을 악용해 불법 약물을 매매하는 편리한 결제

〔도표 2-1〕 실크로드 웹사이트의 화면

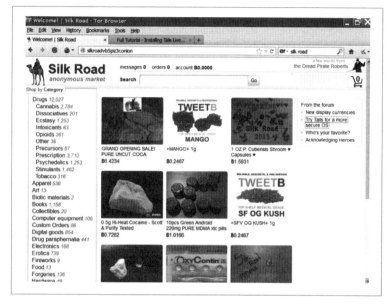

수단으로서 비트코인을 사용했다.

불법 사이트 운영자의 체포, 그리고 당국과의 숨바꼭질

2013년에 FBI(미국 연방수사국)가 실크로드의 운영자인 로스 윌리엄 울브리히트라는 20대 남성을 체포하고** 사이트를 폐쇄했다. 이 사건

---

* 비트코인 거래는 주소가 공개되기 때문에 완전한 익명성이 지켜진다고는 할 수 없으며, 유사 익명성이나 가명성(假名性)이 있다고 해야 한다는 견해도 있다.
** 훗날 재판에서 종신형 판결을 받았다(「뉴욕타임스」 전자판, 2015.5.29.).

을 계기로 비트코인은 불법 거래에 사용되는 것이라는 부정적 인식이 생겨났다. 해외의 은행 관계자들이 '비트코인은 끝났다', '비트코인은 쓸모없다'라고 말하는 이유도 여기에 있다.

게다가 실크로드 사이트가 폐쇄된 뒤에도 '실크로드 2.0'이라고 불리는 실크로드를 모방한 일련의 암거래 사이트가 여러 개 개설되어 FBI와의 숨바꼭질이 이어지고 있다. 불법 약물을 비트코인으로 거래한다는 비즈니스 모델이 확립된 셈이다. 이처럼 비트코인의 높은 익명성은 돈세탁과 불법 상품 거래에 악용되기 쉽다는 단점이 있다. 비트코인은 현금과 달리 가지고 다니거나 물리적으로 건네줄 필요가 없고, 전자적으로 결제해서 인터넷상 거래를 완결한다. 따라서 비트코인은 불법 거래를 하는 범죄자 입장에서는 현금보다 훨씬 편리하고, 이를 단속하는 입장에서는 현금보다 제재하기가 훨씬 어렵다.

대량의 비트코인이 사라진 '마운트곡스 사건'

비트코인의 이미지를 악화시킨 또 하나의 사건이 일본에서 발생한 '마운트곡스 사건'이다.

마운트곡스 사건의 진상

마운트곡스(Mt. Gox)는 도쿄에 기반을 둔 비트코인 거래소였다. 당시 비트코인 거래소로서는 세계 최대 규모였고, 최전성기에는 전 세계 비트코인 거래의 70퍼센트 이상을 담당했다. 그런데 2014년 2월 이 최대 거래소는 갑자기 모든 거래를 중지하고 사이트를 폐쇄해버렸다. 이에 따라 마운트곡스에 비트코인을 맡긴 투자가들이 환불을 전혀 받지 못해 큰 소동이 벌어졌다.

당초에는 외부의 해킹으로 인해 대량의 비트코인이 사라졌다고 발표했다. 고객 소유의 75만 BTC와 마운트곡스 소유의 10만 BTC가 사라졌으며, 이는 당시 환율로 무려 약 470억 엔에 해당하는 거액이었다.* 마운트곡스는 파산했고 사장이었던 마르크 카르플레스는 곧 경시청에 체포되었다. 고객의 90퍼센트 이상이었던 외국인들은 일부러 일본까지 가서 마운트곡스 사무실 앞에 자리를 깔고 앉아 항의하는 소동을 벌이기도 했다. 최대 거래소가 느닷없이 폐쇄되었다는 사실은 비트코인 관계자에게 커다란 충격을 전했고, 대중에게는 '역시 비트코인은 위험천만하다'라는 부정적인 이미지를 심어주었다.

해킹에 의한 도난으로 알려진 이 사건은 마치 은행이 강도를 당해 금고에 있던 현금을 빼앗긴 것과 같다. 비트코인을 옹호하는 입장에서는 '은행이 강도를 당해 달러화 뭉치가 사라졌다고 해서 미국 연방준비제도(미국 중앙은행, Fed)에 달려가 달러에 문제가 있다고 항의할 것인가?'라고 반론한다. 어느 특정 거래소의 관리 방법에 문제가 있었던 것일 뿐 거래 대상인 비트코인 자체가 나쁜 것은 아니라는 주장이다. 거래소의 문제와 비트코인의 문제는 전혀 별개라는 것이다. 그

---

* '마운트곡스 파산, 비트코인 114억 엔 소실', 「니혼게이자이신문」 전자판, 2014.2.28.

런데 실크로드 사건에서도 이와 똑같은 주장을 할 수 있다. 불법 거래를 하는 사람이 나쁜 것이지, 비트코인 자체가 나쁜 것은 아니라는 논법이다.

그런데 그 후 이 사건은 의외의 방향으로 전개되었다. 처음에는 해커에 의한 사이버 공격으로 비트코인이 사라졌다고 알려졌지만, 실제로는 마운트곡스의 사장인 마르크 카르플레스가 비트코인을 외부 계좌로 빼돌리는 등 횡령했음이 경시청 조사를 통해 밝혀졌다.* 외부 해커에게 당했다며 피해자 행세를 하던 거래소 사장이 바로 범인이었던 것이다. 마르크 카르플레스는 2015년 9월 업무상횡령죄 등으로 기소되었다.

외부 해킹이 아니라 사장이 횡령한 이 사건은 앞서 언급한 은행의 비유로 이야기하자면, 은행 강도가 금고 안에 있던 지폐 뭉치를 훔친 게 아니라 은행의 지점장이 은행 금고에 무단으로 들어가 지폐 뭉치를 가지고 나온 사건이었던 것이다. 따라서 분명히 블록체인 등 비트코인을 뒷받침하는 기술 자체에는 문제가 없었을지도 모른다. 그러나 화폐의 안전성을 생각할 때는 화폐 자체뿐 아니라 유통 경로나 관리 체제까지 포함한 종합적인 시스템을 고려해야 하므로, 가상화폐 시스템 전체로서는 역시 문제가 있었다고 생각해야 옳지 않을까? 수많은 유저들은 거래소를 통해 비트코인을 구입할 수밖에 없는 실정

---

* 다만 전체의 1퍼센트는 외부 사이버 공격에 의해 사라졌다고 한다('비트코인, 부정 조작으로 99퍼센트가 소실', 「요미우리신문」 전자판, 2015.1.1.).

이니 그곳에 문제가 있다면 안심하고 비트코인을 사용할 수 없다. 전 세계 비트코인의 70퍼센트 이상을 거래하며 업계를 선도하던 거래소에서 발생한 이 사건은 아무래도 비트코인을 둘러싼 업계의 체질 자체에 문제가 있는 게 아닐까 하는 우려를 남기면서 비트코인의 신뢰성에 대해 부정적인 영향을 주었다.

잇따라 발생하는 가상화폐 도난 사건

비트코인 거래소에서 발생한 도난 사건은 마운트곡스 사건에 그치지 않았다. 2016년 8월 홍콩에 거점을 둔 비트코인 거래소 비트피넥스(Bitfinex)에서는 고객의 계좌로부터 약 12만 BTC(당시 가격으로 약 750억 원)가 도난당하는 사건이 일어났다.* 해당 거래소는 보안상 결함이 있어 외부에서의 부정 접속(해킹)으로 코인이 도난당했다고 인정했다. 이는 거래소의 안전성과 신뢰성에 흠집이 생겼다는 의미에서 마운트곡스 사건보다 심각한 사건일지도 모른다. 비트피넥스 사건은 지금까지 발생한 비트코인 도난 사건 중 두 번째로 큰 피해액을 기록했다.

또한 비트코인은 아니지만 다른 가상화폐에서도 동일한 문제가 발생했다. 2016년 6월 투자 펀드 다오(The DAO)**가 해킹을 당해 거액

---

* '홍콩의 비트코인 거래소에서 도난, 피해액 7,200만 달러, 시세 급락', 「로이터」 전자판, 2016.8.4.
** Decentralized Autonomous Organization의 약자로 분산형 자율 조직을 의미한다.

의 이더리움(비트코인에 다음가는 2위 규모의 가상화폐)이 유출되었다. 부정하게 도난당한 이더리움은 당시 가격으로 65억 엔에 상당했고, 이로 인해 이더리움의 가격이 20퍼센트 이상이나 폭락했다.* 이 사건은 이더리움 자체의 문제가 아니라 분명히 다오 측 프로그램의 문제로 인한 것이었다(이 점에 관해서는 비트코인과 마운트곡스의 관계와 비슷하다). 다만 일부 전문가를 제외한 사람들은 양쪽의 차이를 구별하기가 힘들다. 따라서 주변부까지 포함한 가상화폐의 유통과 거래 시스템에는 여전히 어떠한 리스크가 있지 않을까 하는 부정적인 인식이 커졌다.

이외에도 비트스탬프(Bitstamp, 영국), 게이트코인(Gatecoin, 홍콩), 셰이프시프트(ShapeShift, 스위스) 등의 비트코인 거래소가 잇따라 해킹 피해에 노출되었다. 한 조사에 따르면 2009년부터 2015년까지 비트코인 거래소 중 33퍼센트가 해킹 피해를 당했다고 한다.**

이러한 가상화폐 도난과 유출 사건에서는 비트코인 자체가 위조되거나 조작된 것이 아니기 때문에, 블록체인이나 작업 증명 등의 비트코인 시스템이 무너졌다고는 할 수 없다. 그러나 아무리 비트코인 자체에 문제가 없다 하더라도, 비트코인을 화폐(혹은 그와 유사한 것)로 유통시키려면 보관과 유통 시스템까지 포함한 넓은 의미에서 가상화폐 생태계 전체로서의 높은 신뢰성이 필요하다. 가끔씩 도난당하거

---

* 'The DAO가 65억 엔 상당의 부정 송금 피해', 가상화폐통신, 2016.6.18.
** '앵글: 가상화폐, 해커 공격에 대한 취약성이 드러나', 「로이터」 전자판, 2016.8.30.

나 사라져버리는 화폐라는 인식이 퍼져 있다면 안심하고 사용할 수는 없는 노릇이다. 기존의 은행이나 증권 거래소 등이 사람들의 신뢰를 얻고 제 기능을 다할 수 있는 이유는 보관과 유통 면까지 포함한 전체로서의 관리 시스템이 확실하기 때문이다. 그런 질서가 아직 충분히 갖춰지지 않은 가상화폐는 아무래도 안전한 거래에 대한 우려를 떨치기 힘들다.

몸값을 비트코인으로 요구한 '랜섬웨어 사건' _____

2017년 범죄와 비트코인이 결부된 사건이 또 벌어졌다. 몸값(ransom)을 요구하는 바이러스인 랜섬웨어(ransomware)가 전 세계에 퍼져 몸값을 비트코인으로 지불하라고 협박한 것이다. 랜섬웨어는 기업의 시스템이나 개인 컴퓨터를 바이러스에 감염시켜 점령한 뒤에 데이터나 시스템을 복구하고 싶다면 몸값을 내라고 요구하는 범죄 소프트웨어(crimeware)다.

2017년 5월 전 세계 150개국 이상에서 워너크라이(WannaCry)라는 랜섬웨어가 사용된 사상 최악의 대규모 사이버 공격이 벌어져서 수많은 시스템과 컴퓨터가 멈춰버렸다. 바이러스에 감염된 화면에는 '시스템을 복구하고 싶다면 300달러 상당의 비트코인을 보내라'는 요구와 함께 송금할 비트코인 주소가 떴다. 또한 몸값 요구액이 인상되기까지 남은 시간, 모든 데이터가 삭제되기까지 남은 시간이 초 단

〔도표 2-2〕 랜섬웨어에 감염된 화면

몸값이 인상되기까지 남은 시간

협박문

데이터가 삭제되기까지 남은 시간

'300달러 상당의 비트코인을 보내라'는
문구와 송금할 비트코인 주소

출처: http://www.coindesk.com/

위로 키운트다운되는 가운데 카운트다운이 끝나기 전에 비트코인을 지불하라는 협박이 이어졌다(도표 2-2). '워너크라이'를 직역하면 '울고 싶다'는 뜻인데, 이 바이러스에 감염되면 정말로 울고 싶은 심정이 될 것이다. 당시 심리적 압박에 못 이겨 실제로 몸값을 지불한 기업도 있었다.

지금까지 랜섬웨어 범죄에서 범인 측은 몸값을 받을 때 신원이 노출되거나 체포될 위험이 컸지만, 비트코인을 사용하면 높은 익명성

덕분에 범죄자는 신원이 특정되지 않고 안전하게 몸값을 받아낼 수 있다. 인터넷을 통해 어느 국가에서라도 저렴하고 신속히 송금할 수 있다는 비트코인의 성격이 글로벌 범죄 집단에 악용되는 셈이다.

비트코인이라는 편리한 몸값 수령 수단이 생겨남으로써 랜섬웨어에 의한 피해액이 점점 늘어나고 있다. 어느 조사*에 따르면 전 세계 피해액은 2015년에 250억 원이었던 것이 2016년에는 9000억 원 규모로 늘어나, 단 1년 만에 35배 이상으로 급격히 확대되었다고 한다. 앞으로도 이러한 사이버 범죄 피해액이 꾸준히 확대될 것으로 예상되며, 반사회적 세력이 불법 이익 추구를 위해 비트코인을 악용하는 사례도 늘어날 것으로 우려된다.

* "Carbon Black Threat Report"(2016.12).

2

한 줌도 되지 않는
사람들을 위한 비트코인?

전 세계적으로 비트코인을 소유한 '비트코인 보유자'와, 가상화폐 거래소에서 비트코인을 매매하는 '비트코인 이용자'는 그 수와 범위가 꾸준히 늘어나고 있다. 그러나 실제로 비트코인 보유 상황과 거래 데이터를 분석해보면 비트코인 보유·거래·채굴의 구조는 '얕고 넓은' 형태가 아니라, 일부 이용자에게만 편중된 '깊고 좁은' 형태임을 알수 있다. 이 점이 앞으로 비트코인 발전의 장애가 될지도 모른다는 우려의 목소리도 있다.

비트코인은 누가 보유하는가? _____

가장 먼저 비트코인 보유자의 분포부터 살펴보자. 비트코인 지갑은 전 세계에 약 1600만 개, 비트코인 주소는 약 1900만 개 존재한다 (2017년 8월 기준). 이 정도 규모라면 언뜻 비트코인 이용자의 커다란 커뮤니티가 존재할 것 같다. 그러나 상세히 살펴보면 반드시 그렇지만은 않다는 사실을 알 수 있다.

비트코인의 보유 분포

도표 2-3은 각 주소가 보유하는 비트코인 수의 분포를 통해 비트코인의 보유 상황을 나타낸 것이다. 이를 보면 보유하는 비트코인이 0~0.001BTC로 잔액이 매우 적은 주소가 1123만 개며 전체의 59퍼센트를 차지한다. 0.001BTC는 2017년 8월 중순 시점의 가격 (1BTC = 약 480만 원)으로 계산하면 겨우 4,800원에 불과하다(2017년 초 가격으로는 1,200원이다). 즉, 비트코인이 거의 없다시피 한 주소가 절반 이상을 차지한다. 0.001~0.01BTC(4만8,000원 이하, 17퍼센트)와 0.01~0.1BTC(48만 원 이하, 14퍼센트)까지 합치면, 전체 주소의 90퍼센트가 0.1BTC 이하라는 소액의 비트코인밖에 보유하고 있지 않음을 알 수 있다.

　이런 상황을 그래프로 옮기면 잔액이 적은 세 계층의 주소가 대부분을 차지한다는 사실이 더욱 분명해진다(도표 2-4). 그런데 비트코인 보유량이 적은 주소가 왜 이토록 많을까?

〔도표 2-3〕 비트코인의 보유 분포

보유 비트코인의 수	주소 수 (단위: 개)	주소 수의 점유율 (단위: %)	보유 비트코인의 합계 (단위: BTC)	보유 비트코인의 합계 점유율 (단위: %)
0–0.001	11,226,513	59.27	2,061	0.01
0.001–0.01	3,280,640	17.32	12,531	0.08
0.01–0.1	2,603,644	13.75	81,246	0.49
0.1–1	1,212,761	6.40	397,121	2.41
1–10	470,265	2.48	1,285,799	7.79
10–100	129,891	0.69	4,342,774	26.30
100–1,000	16,599	0.09	3,873,360	23.24
1,000–10,000	1,673	0.01	3,538,313	21.43
10,000–100,000	120	0.00	2,912,277	17.64
100,000–1,000,000	1	0.00	100,461	0.61
합계	18,942,107	100.00	16,509,943	100.00

출처: 'Bitcoin Distribution' BitInfoCharts(2017년 8월 기준)

〔도표 2-4〕 비트코인 주소의 분포

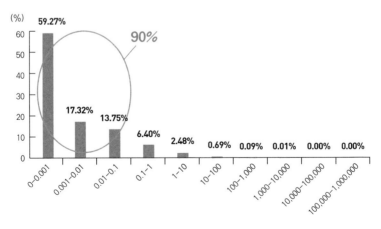

출처: 'Bitcoin Distribution' BitInfoCharts(2017년 8월 기준)

첫째, 비트코인이 무엇인지 알고 싶어서 시험 삼아 만들어본 주소가 상당수 있다고 여겨진다. 가상화폐 시스템에 흥미를 느끼고 주소를 만들어 소액을 넣어본 사람의 주소일 가능성이 높은 것이다. 이런 주소는 거의 사용되지 않는다고 생각할 수 있다.

둘째, 비트코인으로 거래할 때는 주소와 거래 정보가 전 세계에 송신되므로 사생활 보호의 관점에서 거래할 때마다 주소를 바꾸는 경우가 많다(하나의 지갑에서 여러 개의 주소를 작성할 수 있다). 그 때문에 비트코인으로 지불할 때마다 새 주소를 만들어 거래한 뒤 그대로 방치해버린 주소일 가능성이 있다. 이것이 지갑 수(1600만 개)와 주소 수(1900만 개)의 차이로 나타났다고 할 수 있다.

이에 비해 잔액이 1~10BTC(480만~4800만 원)인 주소는 47만 개(전체의 2.5퍼센트)고, 잔액이 10BTC(4800만 원) 이상인 주소는 14.8만 개(전체의 0.78퍼센트)다. 보유액으로만 보면 이 둘을 합한 62만 개의 주소(전체의 3.3퍼센트)가 본격적으로 비트코인을 소유하고 이용하는 보유자라고 추산할 수 있다. 실제로 거래에 이용되는 주소가 50만~60만 개라는 사실은 위의 견해를 뒷받침한다.

만약 한 사람이 하나의 주소를 보유하고 있다면 본격적으로 비트코인을 이용하는 보유자는 전 세계적으로 60만 명 정도일 것이다. 그러나 거액의 비트코인을 소유한 보유자는 해킹 피해의 가능성을 우려해서 비트코인의 안전을 위해 비트코인을 여러 지갑에 분산해 보유하는 게 보통이다(이것이 오히려 추천된다). 이때 당연히 각각의 지갑마다 주소가 따로따로다.

이처럼 여러 지갑에 나누어 보유하는 실태를 고려할 때 실제 비트코인 보유자 수는 훨씬 적을 것으로 예상된다. 만약 이러한 보유자가 비트코인을 평균 6개의 지갑에 나누어 보관하고 있다면, 활동적인 비트코인 유저의 수는 전 세계적으로 10만 명 정도에 불과하게 된다. 언뜻 1600만 명으로 보이던 비트코인 이용자 수가, 자세히 따져보니 겨우 10만 명에 지나지 않는다는 사실은 너무나도 커다란 격차가 아닐 수 없다.

비트코인의 보유 점유율

이어서 비트코인의 보유 점유율을 살펴보자. 주소 잔액 계층별로 보유하는 비트코인 수를 살펴보면, 잔액 10~100BTC(4800만~4억 8000만 원)의 주소가 전체 비트코인의 26퍼센트를 보유한다는 사실을 알 수 있다. 마찬가지로 잔액 100~1,000BTC(4억 8000만~48억 원)의 주소가 전체 비트코인의 23퍼센트, 1,000~1만 BTC(48억~480억 원)의 주소가 전체 비트코인의 21퍼센트, 1만~10만 BTC(480억~4800억 원)의 주소가 전체 비트코인의 18퍼센트, 10만~100만 BTC(4800억~4조 8000억 원)의 주소가 전체 비트코인의 1퍼센트를 각각 보유하고 있다. 이들 5개 잔액 계층의 비트코인 보유량을 합하면 전체 비트코인의 89퍼센트에 달한다(도표 2-5). 한편 이들 주소의 수는 다 합쳐도 14.8만 개로, 전체의 0.8퍼센트에 불과하다.

상위 1퍼센트 미만의 사람(주소)이 무려 89퍼센트의 비트코인을 보유하고 있는 셈이다. 또한 1BTC 이상을 보유하는 상위 3퍼센트의

〔도표 2-5〕 비트코인의 보유 점유율

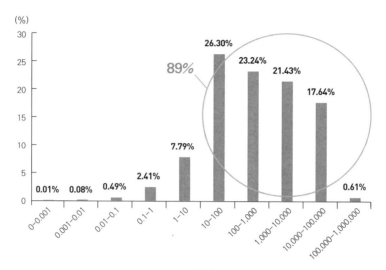

출처: 'Bitcoin Distribution' BitInfoCharts(2017년 8월 기준)

보유자가 전체 비트코인의 대부분(97퍼센트)을 보유하고 있다. 이처럼 비트코인의 보유 구조는 소수의 사람이 대부분의 코인을 소유하는 매우 왜곡된 상태다. 최근에 비트코인 시세가 상승하면서 주로 혜택을 본 사람은 사실 이러한 전체의 1~3퍼센트에 해당하는 보유자다.

이처럼 비트코인이 소수의 보유자에게 편중된 것은 초기 채굴자에 대한 '비트코인 퍼주기'가 커다란 요인 가운데 하나로 여겨진다. 초기에는 채굴 1회에 대한 보상이 많았을 뿐 아니라(지금의 4배) 경쟁하는 채굴자도 적어서 개인용 컴퓨터로 간단한 계산을 하는 것만으로도 손쉽게 다액의 보상을 얻을 수 있었다.

비트코인이 도입되고 나서 한동안은 1BTC가 1달러에도 미치지 못했다. 2010년 5월 1만 BTC로 피자 두 판(25달러 상당)을 구입했다는 유명한 일화가 있을 정도다(이는 현재의 가치로 따지면 400억 원 이상이다. 호화로움의 극치를 달리는 피자라고 할 수 있다). 이는 비트코인으로 상품을 구입한 최초의 사례로 알려져 있다.

이런 에피소드로도 알 수 있듯이 초기 채굴자들에게는 일확천금을 노린다는 의식이 별로 없었다. 오히려 가상화폐라는 최신 시스템에 대한 흥미만으로 채굴을 수행했을 것이다. 그런데 그 후 비트코인의 가치가 무려 4,000배 이상으로 급등하면서 결과적으로 초기 채굴자들은 매우 거액의 재산적 가치를 손에 쥐게 되었다.

현재 거액의 비트코인을 보유하고 있는 사람의 대부분은 비트코인 발명자인 나카모토를 비롯해 비트코인 도입 초기부터 채굴을 해온 채굴자들이라고 여겨진다. 특히 나카모토는 비트코인을 한 번도 사용하지 않은 채 100만 BTC(4조 8000억 원 상당)를 보유하고 있는 것으로 추측된다. 이러한 수치를 보면 '모든 사람의 평등'이라는 비트코인의 이념은 구현되지 않았고, 비트코인은 이제 '한 줌밖에 안 되는 사람에 의한, 한 줌밖에 안 되는 사람을 위한 것'이 되어버린 듯하다.

비트코인은 누가 채굴하는가?

1장에서 비트코인의 거래 승인을 위해서는 채굴이 필요하다고 설명했다. 그러면 비트코인은 누가 채굴하고 있을까? 언뜻 전 세계 불특정 다수의 채굴자들이 분담해서 채굴 작업을 수행하면서 모두 함께 비트코인 시스템을 떠받치고 있는 이미지가 떠오를지 모른다. 그러나 편중된 비트코인 보유 구조와 마찬가지로, 비트코인의 신규 발행을 담당하는 채굴도 역시 실제로는 소수의 채굴자가 커다란 비중을 차지하는 과점 구조를 이룬다.

비트코인이 탄생하고 채굴이 막 시작된 시기에는 개인용 컴퓨터로도 채굴이 가능했다. 그러나 비트코인 프로그램상 채굴자가 많아질수록 채굴이 서서히 어려워지게끔 설정된 데다 경쟁마저 치열해지자, 필요한 계산 능력도 급격히 상승하기 시작했다. 이 때문에 블록을 생성하는(논스값을 산출하는) '채굴 난이도'가 매우 높아졌다. 채굴에 성공하려면 다른 채굴자들을 제치고 세계에서 가장 먼저 답을 발견해야 해서 계산 능력을 어중간하게 높여서는 아무런 소용이 없다. 따라서 최근에는 채굴 전용 컴퓨터 설비를 설치한 조직화된 대규모 집단인 '채굴 기업'이 큰 역할을 하고 있다.

채굴 기업 상위 13개사가 전 세계 채굴의 약 80퍼센트를 차지하고 있으므로 과점화가 꽤 진행되었다고 할 수 있다(도표 2-6, 2017년 8월 기준). 이 상위 13개사 가운데 10개사가 중국의 채굴 기업인데, 그 점유율을 합치면 전 세계 채굴의 68퍼센트를 차지한다. 중국 채굴 기업의 거의 독무대라고 할 수 있다. 그중에서도 AntPool과 BTC.TOP이라는 상위 2개사가 중국 내에서 약 50퍼센트(전 세계에서 3분의 1)의 점유율을 차지하고 있다.

채굴은 대규모 컴퓨터 설비를 24시간, 365일 가동해서 대량의 전기를 소모하는* 작업이라서 전기 요금이 저렴한 중국의 채굴 기업들이 커다란 존재감을 보여준다. 킬로와트시(kWh)당 전기 요금은 일본이 약 300원, 미국이 약 120원인 데 비해, 중국은 약 40원에 불과하다. 덕분에 당분간 중국의 우위성은 흔들리지 않을 것으로 보인다.

이러한 채굴 기업은 체육관 같은 광대한 시설에 비트코인 채굴에 특화된 전용 하드웨어(ASIC, 특정 용도를 위한 집적회로)를 대규모로 갖추고, 자그마치 수천억 원에 이르는 거액의 투자를 해서 대대적으로 채굴을 실시하고 있다(도표 2-7). 이제 채굴은 고만고만한 아마추어나 개인이 안이하게 손댈 수 있는 세계가 더 이상 아니다.

비트코인의 당초 설계 이념은 수많은 참가자가 모두 힘을 합쳐 채굴해서 비트코인 시스템을 떠받치고 그 보상으로 신규 코인을 조금씩 평등하게 나눠 받는 것이었다. 그러나 채굴의 현실은 이러한 설계 이념에서 동떨어진 상태고, 전기 요금이 저렴하다는 입지의 장점을 살려 대규모 투자를 한 소수의 중국 채굴 기업들이 신규 발행 비트코인을 독점적으로 가져가는 구조다. 이는 비트코인 업계 내의 발언권이 중국의 일부 채굴 기업에 집중되었음을 의미한다.

이러한 '채굴의 집중화(mining concentration)' 상태는 관계자들 사이에서도 문제시되고 있다. 채굴의 과점화와 보상의 집중화는 앞에서 설명한 보유 구조의 편중으로도 이어진다.

---

* 이 때문에 '비트코인은 환경에 악영향을 준다'고도 한다. 또한 전기 요금이 비싼 선진국은 채굴에 부적합하다고 평가받는다.

〔도표 2-6〕 국가별 비트코인 채굴 점유율

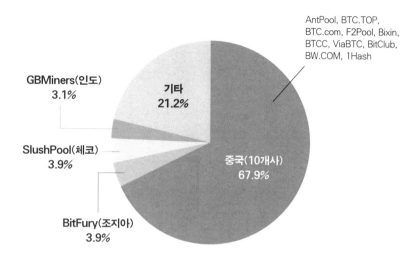

GBMiners(인도)
3.1%

기타
21.2%

AntPool, BTC.TOP,
BTC.com, F2Pool, Bixin,
BTCC, ViaBTC, BitClub,
BW.COM, 1Hash

SlushPool(체코)
3.9%

중국(10개사)
67.9%

BitFury(조지아)
3.9%

출처: https://btc.com/stats/pool/(2017년 8월 기준)

〔도표 2-7〕 비트코인 채굴 기업의 모습

출처: http://jp.newsbtc.com/

비트코인은 누가 판매하는가? ─────────────

대부분의 거래는 중국의 거래소에서

편중된 보유 구조와 편중된 채굴 점유율뿐 아니라 비트코인을 판매하는 이용자의 구조에도 편중이 보인다. 채굴 외의 방법으로 비트코인을 입수하기 위해서는 비트코인 거래소에 계좌를 개설하고 법정통화로 비트코인을 구입해야 한다. 또한 비트코인을 법정통화로 바꿀 때도 비트코인 거래소에서 비트코인을 판매해야 한다. 비트코인 거래소는 비트코인 외의 가상화폐도 거래하기 때문에 '가상화폐 거래소'라고도 하며 미국, 유럽, 일본, 중국 등 세계 각지에 100곳 이상 설립되었다.

도표 2-8은 전 세계 비트코인 거래소의 거래 점유율을 나타낸 것이다(2017년 8월까지 2년간). 이를 보면 OK코인, 후오비, BTC차이나 등 중국 3대 거래소의 거래액이 세계 전체 거래액의 93퍼센트로 압도적인 비율을 보인다.

같은 기간에 비트코인 거래의 통화별 점유율을 살펴봤을 때도, 역시 중국 위안화 거래가 94퍼센트로 압도적인 비중을 차지한다(도표 2-9 참조). 이에 비해 달러화는 4퍼센트, 유로화는 1퍼센트 미만밖에 안 된다. 엔화 거래도 1퍼센트 미만인데, 일본 내에서 비트코인으로 매우 떠들썩한 것에 비하면 전 세계에서 차지하는 엔화의 비율은 의외로 높지 않다.

이러한 통계를 살피면 중국이 비트코인의 지배적인 참가자이자 세

〔도표 2-8〕비트코인 거래소의 거래 점유율

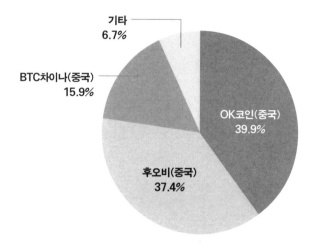

출처: https://data.bitcoinity.org/(2017년 8월까지 2년간)

계 비트코인 시장의 중심적 위치를 차지하고 있다는 것만큼은 틀림없어 보인다.

왜 중국에 비트코인 거래가 집중되는가?

그렇다면 왜 중국의 비트코인 거래소에만 이토록 많은 거래가 집중되어 있을까?*

중국의 거래소에서 비트코인 매매액이 급증한 때는 위안화 절하를

---

* 또한 중국은 이미 2013년 12월부터 은행에서 비트코인을 매매하거나 비트코인 거래에 관여하는 행위를 금지했다.

〔도표 2-9〕비트코인 거래의 통화별 점유율

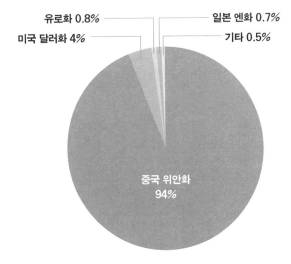

유로화 0.8%
일본 엔화 0.7%
미국 달러화 4%
기타 0.5%
중국 위안화
94%

출처: https://data.bitcoinity.org/(2017년 8월까지 2년간)

〔도표 2-10〕중국에서 자본 규제의 회피 수단이 된 비트코인의 활용 사례

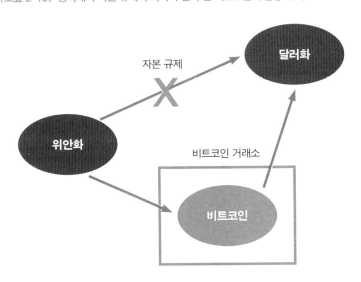

자본 규제
달러화
위안화
비트코인 거래소
비트코인

시행한 2015년 8월 이후다. 위안화 절하를 계기로 위안화의 가격이 내려갈 가능성이 높아졌고, 위안화를 대량으로 보유하던 중국의 부유층 사이에서는 위안화를 달러화 등의 외국 자본으로 옮기려는 움직임이 일었다. 그러나 중국에서는 위안화 유출에 대해 엄격한 자본 규제를 시행하고 있다. 중국 당국은 자본 유출을 막기 위해 외화를 환전할 때 신청서 제출을 의무화하고 환전 상한액을 설정하는 등 규제를 더욱 강화했다.

당시 이러한 규제를 회피하는 수단으로 사용된 것이 바로 비트코인이었다. 비트코인 거래소는 규제가 느슨한 데다 외화 환전 규제의 대상도 아니었기 때문에, 중국의 부유층은 위안화를 일단 비트코인으로 바꾸고 나중에 그 비트코인을 필요에 따라 달러화 등의 외화로 바꾸려는 움직임을 보였다.* 즉, 주로 당국의 자본 규제를 빠져나가려는 수단으로 비트코인을 활용한 것이다(도표 2-10).

규제 회피를 위한 화폐로 이용되다

비트코인을 개발한 배경에는 정부와 중앙은행의 관리를 받지 않는 가상화폐를 만들어, 누구의 지시나 관리 없이 돈을 자유롭게 전 세계로 보낼 수 있도록 한다는 '자유지상주의(libertarianism)'의 이념이 있었다. 비트코인은 국가의 관리를 받지 않는 화폐를 추구하는 사상에 뿌리를 둔 셈이다. 최근 약 2년 동안 중국인들이 정부의 규제를 빠져

---

* '비트코인 거래 최고, 90퍼센트가 중국', 「니혼게이자이신문」 전자판, 2016.12.18.

나가기 위해 비트코인을 사용하면서, 어떤 의미에서는 비트코인의 자유지상주의 사상이 실현되었다고도 할 수 있다.

그러나 자본도피(capital flight)를 목적으로 비트코인이 주로 사용되었다는 것은 화폐로서 도저히 정상적이지는 않다. 이러한 실태를 알아차린 중국 당국은 2017년에 들어서 대형 비트코인 거래소를 점검하기 시작했고, 위법 외화 관리나 자금 세탁 등의 불법 행위가 없는지 철저히 조사한 뒤 비트코인의 출금을 당분간 동결하는 강경한 조치를 취했다(이는 실질적인 자본 규제 강화라고 할 수 있다).* 이로써 중국에서의 비트코인 거래량이 100분의 1로 급감하는 사태가 벌어지기도 했다.

채굴도 70퍼센트가 중국의 채굴 기업에서 담당한다. 비트코인 거래소에서의 매매 거래도 90퍼센트 이상이 중국 거래소에서 이루어진다. 현재는 비트코인이 마치 '중국의, 중국에 의한, 중국을 위한 것'이 된 듯하다. 비트코인 개발자인 나카모토가 당초에 의도했던 것과는 매우 다른 양상이 되어버렸다. 아직까지도 수수께끼의 인물인 나카모토에게 이에 대한 감상을 묻고 싶을 지경이다.

---

* '중국인민은행, 비트코인 거래소를 점검', 「니혼게이자이신문」 전자판, 2017.1.11.

3

비트코인 시스템에
문제는 없는가?

중장기적으로 봤을 때 비트코인 시스템 자체에도 우려할 만한 요소가 존재한다. 주된 요소는 비트코인의 발행 상한, 보상의 반감기를 들 수 있다.

비트코인 발행 상한의 양면성 _____

비트코인 발행 상한이란 무엇인가?

비트코인에 '발행 상한'이 설정되어 있다는 점이 첫 번째로 우려할 만한 요소다. 법정통화는 중앙은행이 발행량을 조절할 수 있고 특별한 발행 상한이 없다. 하지만 비트코인의 경우에는 최종적인 발행 상한이 2100만 BTC로 정해져 있다. 이는 비트코인 프로그램 내의 코드로 미리 설정된 것이다. 2017년 8월 중순 시점에 이미 1650만 BTC의 발행이 완료되었다. 발행 상한 가운데 벌써 79퍼센트가 발행(채굴)을 끝낸 셈이다.

이처럼 발행 상한을 정해놓은 이유는 비트코인을 인플레이션에 강한 화폐로 만들기 위해서다. 즉, 코인이 대량으로 발행되어 가치가 하락하는 인플레이션을 막기 위한 장치다. 그러나 이는 반대로 비트코인이 상품의 가치에 대해 강해지는(화폐 가격이 오르는) 디플레이션을 유발하기 쉽게 한다.

실제로 비트코인의 가격 추이를 살펴보면 2011년 봄까지는 1BTC가 1달러 이하의 가격이었고, 2012년 여름까지는 10달러 이하로 거래되었다. 그러다가 2013년 3월 키프로스에서 은행예금에 대한 과세안을 발표한 것을 계기로 금융 위기가 발생하자 단숨에 100달러 가까이 뛰어올랐고, 그 기세를 쭉 이어나가 2013년 말에는 한때 1,000달러대까지 상승했다. 그 후 2014년 2월 마운트곡스 사건이 벌이지면서 2015년 초에 걸쳐 200달러대로 5분의 1 수준까지 폭락했다. 2015년 가을 이후에는 중국에서 자본 도피에 사용되면서 시세가 서서히 상승한 뒤, 2017년에 들어서자 급격한 가격 폭등으로 이어져 2017년 8월에는 4,000달러를 웃도는 수준까지 이르렀다. 가격이 이렇게 폭등한 이유는 공급량이 제한된 비트코인 시스템에 관해 사람들이 알아차렸기 때문으로 보인다. 장래에 비트코인 이용량이 서서히 늘어나면 제한된 공급량으로 인해 공급 부족이 일어날 것으로 예

〔도표 2-11〕 비트코인의 신규 발행량과 발행 완료된 비트코인의 비율 (단위: %)

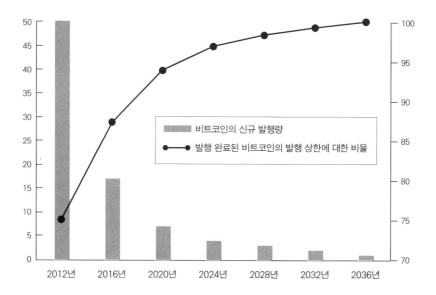

각 연도의 반감기까지 약 4년 동안의 신규 발행량 및 각 연도의 반감기까지 발행 완료된 비율이다.

출처: https://en.bitcoin.it/wiki/Controlled_supply를 필자가 재구성

상한 투기적 움직임이 확대된 것이다.

비트코인의 발행량이 언제쯤 발행 상한에 도달할지가 문제인데, 한 블록을 생성하는 데 10분이 걸리는 지금의 속도로는 대략 2140년 쯤 발행 상한에 도달할 것으로 보인다. 다시 말해 2017년 8월 시점을 기준으로 약 123년에 걸쳐 나머지 450만 BTC(21퍼센트)를 서서히 채굴해가는 것이다. 그때까지 비트코인의 채굴량(신규 발행량)은 차츰차츰 감소된다(도표 2-11).

발행 상한에 의해 변질되는 비트코인

이처럼 비트코인은 장래의 공급량이 정해져 있어서 그 가격은 오로지 수요에 의존하게 된다. 비트코인의 신규 공급이 줄어드는 동안에, 만약 비트코인에 대한 수요가 현 상태를 유지하면(혹은 더욱 높아지면) 수요와 공급의 관계에 의해 가격은 아무래도 상승할 수밖에 없다. 희소성이 슬금슬금 높아지는 구조여서 이론적으로는 가격이 쉽게 오른다. 그러면 비트코인은 본래의 목적인 교환 수단(medium of exchange)이 아니라, 투자용 자산(investment asset)이 되고 만다. 내일 가격이 오른다는 사실을 알고 있다면 아무도 그것을 오늘의 지불 수단으로 사용하지 않을 것이기 때문이다.

이처럼 비트코인은 발행 상한이라는 시스템이 존재함으로써 그 성격이 화폐에서 자산으로 변질되었다. 화폐로 사용하기 위해서는 그 가치가 안정되어야 한다는 것이 대전제다. 하지만 발행 상한으로 인해 비트코인의 가격 상승을 기대하는 사람들이 늘어나면서 비트코인은 오로지 투자를 위한 자산이 되고 말았다.

마지막 날이 오기 전의 예상 시나리오

2140년쯤에 발행량이 상한에 도달하는 '마지막 날'을 맞이하면 그때부터는 채굴을 해도 새로운 코인이 전혀 발행되지 않는다. 물론 이후로도 블록이 꾸준히 장부를 작성하면 거래를 지속할 수는 있겠지만, 채굴에 대한 보상은 전혀 부여되지 않는 것이다. 그러면 승인하는 역할을 하는 채굴자들은 채굴에 따른 인센티브가 사라진다. 채굴을 하려면 대규모의 컴퓨터 설비와 대량의 전력이 필요하니 보상을 얻을 수 없는 채굴업에서 철수하는 업자가 잇따를 테고, 최악의 경우에는 아무도 무상으로 채굴을 하지 않게 될 가능성마저 있다. 채굴은 사실상 비트코인을 움직이는 엔진과 다름없으므로, 이 엔진이 멈추면 비트코인의 거래가 승인되지 않고 결국 거래를 할 수 없게 된다. 거래 승인이 원활하게 이루어지지 않으면 비트코인의 이용 가치가 떨어지고 이에 따라 비트코인의 가격도 대폭 하락할 가능성이 있다. 가격 하락에만 그치지 않고 더 나아가 비트코인 시스템 자체가 붕괴해 버리는 파멸적 상황이 발생할 우려마저 있다. 비트코인을 '가상화폐 혁명'으로 높이 평가하는 노구치 유키오[*]도 '초장기적으로 보면 채굴 작업이 순조롭게 지속될 수 있을지는 의문이다'[**]라고 말했다.

이렇게 생각하면 비트코인 운영은 발행 상한을 맞이하는 2140년 시점에(도중에 프로그램이 변경되지 않는 한) 아마도 모종의 곤란한 상황과 맞닥뜨릴 가능성이 높다. 2140년이라면 지금부터 100년 이상 뒤의 이야기라서 크게 실감하지 못할지도 모른다. 하지만 2140년이 되어 마지막 날을 맞이하기 전까지 비트코인이 큰 탈 없이 유지될 수 있을 것이라고도 단언할 수 없다.

왜냐하면 2028년쯤에는 비트코인 상한의 98퍼센트가, 2032년쯤에는 99퍼센트가 발행 완료되기 때문이다. 가까운 장래에 곧 비트코

---

[*] 野口悠紀雄, 일본의 관료이자 경제학자._역주
[**] 노구치(2014).

인 신규 발행이 거의 멈추어버리는 최종 국면에 가까운 상황이 발생하는 것이다. 최근 시장에서는 장래에 대한 기대가 가격 형성에 커다란 영향을 끼치고 있는데, 시장 참가자가 이와 같은 장래의 진실을 알아차린다면 그 기대가 단숨에 무너져서 비트코인 가격이 폭락할 가능성도 부정할 수 없다. 최후의 비트코인이 발행되는 2140년의 마지막 날을 기다릴 것도 없이 곤란한 상황이 더욱 일찍 발생할 수도 있는 것이다. 비트코인의 위기는 100년 후라는 아득히 먼 미래의 이야기가 아니라 실제로는 겨우 10년 후에 벌어질 코앞의 이야기일지도 모른다.

채굴업자가 철수하게 될 보상 반감기 ──────────

보상의 반감기란?

또 하나의 우려할 만한 요소는 채굴에 대한 보상이 약 4년마다 줄어들도록 설정된 점이다. 비트코인 거래를 승인하는 절차인 채굴을 수행하면 그 대가로 신규 발행 비트코인을 얻을 수 있다. 비트코인이 처음으로 발행된 2009년에는 채굴에 대한 보상이 1블록당 50BTC로 설정되어 있었다. 그리고 이 보상액은 21만 개의 블록이 새롭게 작성될 때마다 반으로 줄어들도록 프로그램되었다. 이에 따라 2012년 11월에는 보상액이 25BTC로 반감했고, 더 나아가 2016년 7월에는 12.5BTC로 줄어들었다. 이러한 보상의 반감기(halving)는 약 4년

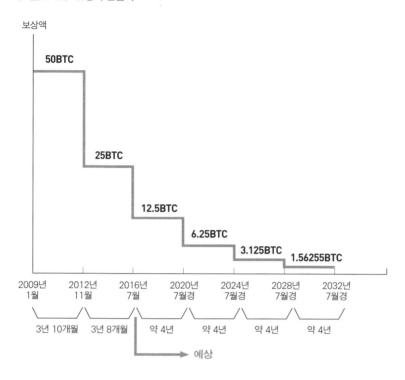

보상액

50BTC

25BTC

12.5BTC

6.25BTC

3.125BTC

1.56255BTC

| 2009년 1월 | 2012년 11월 | 2016년 7월 | 2020년 7월경 | 2024년 7월경 | 2028년 7월경 | 2032년 7월경 |

3년 10개월 3년 8개월 약 4년 약 4년 약 4년 약 4년

예상

출처: https://en.bitcoin.it/wiki/Controlled_supply를 필자가 재구성

마다 찾아온다. 2016년 7월의 반감기에는 비트코인 가격이 약 600 달러여서 보상액이 1만 5,000달러(약 1500만 원)에서 단숨에 7,500달 러(약 750만 원)로 줄어들어버렸다.

앞으로도 보상액은 약 4년마다 반감기를 맞이해 2020년쯤에는 6.25BTC로, 2024년쯤에는 3.125BTC로, 2028년쯤에는 1.5625BTC 로 반감해갈 것이다(도표 2-12). 채굴자가 버는 수입은 '채굴로 얻을 수 있는 비트코인의 수량 × 비트코인의 가격'으로 계산된다. 즉, 2020년쯤에 보상액이 2분의 1로 줄어들어도 그때까지 비트코인의 가격이 2배로 상승하면 채굴에 의해 얻을 수 있는 법정통화 수입은 달라지지 않는다.

보상의 반감과 채굴업자의 수입

문제는 약 4년마다 비트코인의 가격이 때마침 2배씩 쭉쭉 올라간다는 보장이 없다는 사실이다. 가격이 그렇게 올라가려면 가격 상승이 연간 19퍼센트의 속도로 꾸준히 이루어져야 한다. 이는 주식시장에서도 좀처럼 달성하기 힘든, 꽤 빠르고 높은 상승률이다. 만약 비트코인의 가격 상승 속도가 이를 밑돌면 채굴에 의한 수익률은 찔끔찔끔 낮아질 것이다.

채굴을 하려면 막대한 컴퓨터 자원과 계산을 위한 대량의 전력이 필요하므로, 기대되는 보상액이 채굴 비용에 미치지 못해 적자가 나는 경우에는 구태여 비용을 들여가며 채굴에 나서는 사람이 아무도 없을 것이다. 실제로 이미 2016년 7월의 반감기에 일부 채굴업자가 채굴업에서 철수했다는 보도가 있었다.[*] 이러한 움직임이 확산되면 100년 후를 기다릴 것도 없이 어느 시점에서 대부분의 채굴업자가 철수해버릴 가능성도 있다.

비트코인이 발행 상한에 도달하기 전에는 총 34번의 반감기가 설

---

[*] 'What is the Halving', CoinDesk, 2016.6.12.

정되어 있다. 그중 어느 시점에서 보상 수준이 채굴업자의 손익분기점을 밑돌 가능성은 충분하다.

채굴업자의 수익은 비트코인의 가격에도 의존한다. 만약 비트코인의 가격이 앞으로도 현재 수준(1BTC가 원화로 480만 원, 2017년 8월 중순 기준) 그대로라면 보상액은 채굴을 1회 성공할 때마다 6000만 원이다. 하지만 2020년쯤에는 3000만 원으로, 2024년쯤에는 1500만 원으로, 2028년쯤에는 750만 원으로, 2032년쯤에는 380만 원으로 감소해간다. 1회의 채굴로 6000만 원을 번다면 꽤 짭짤한 수익이라 할 수 있지만, 그 액수가 380만 원으로 줄어든다면 비용 대비 수익이 결코 좋다고 말하기 어렵다. 이런 상황은 앞으로 충분히 발생할 수 있다. 국제결제은행도 보고서[*]를 통해 '보상이 감소해간다면 비트코인 시스템을 뒷받침하는 채굴의 인센티브가 지속될지에 관해서는 논의의 여지가 있다'며 채굴의 중장기적인 지속성에 의문을 표했다.

또한 비트코인 시스템에서는 거래를 한 유저가 거래 승인을 수행한 채굴업자에게 소액의 거래 수수료를 지급한다. 채굴 보상액이 없어지더라도 이러한 거래 수수료가 채굴업자에게 인센티브로 작용할 것이라는 견해도 있다. 그러나 거래 수수료는 기본적으로 매우 소액(원칙적으로 0.0001BTC)이고, 현재 시세로는 거래 건당 480원 정도다. 한 블록에 포함되는 평균 거래 건수인 2,000건을 곱해본들 1회의 채굴로 얻을 수 있는 금액이 96만 원 정도밖에 되지 않아서, 기존 채굴

---

[*] BIS(2015).

보상액에 비하면 미미하다. 채굴업자가 이를 인센티브로 삼아 대량의 전력을 사용해 채굴을 지속할지 의문이다.

현재 전 세계에서 채굴업자가 얻는 총수입은 연간 약 3조 2000억 원 정도다. 이는 1년 동안 만들어지는 블록 수 5.3만 개(6개/시간×24시간×365일)에 현재의 채굴 보상액(12.5BTC)과 현재의 비트코인 가격(약 480만 원)을 곱해서 얻은 수치다. 이와 동일한 액수를 거래 수수료만으로 얻으려면 거래 수수료를 대폭 인상해야 한다. 이는 저렴한 송금 비용을 장점으로 내세우던 비트코인이 스스로 그 장점을 부정해버리는 것과 마찬가지다. 국제결제은행은 앞서 언급한 보고서에서 거래 수수료를 인상해서 비트코인 시스템을 유지하려는 시도에 관해 '수수료 인상은 수요 감소를 초래하고 시스템의 장기적인 지속 가능성에 악영향을 줄 가능성이 있다'며 회의적인 견해를 보였다.

채굴업자들이 철수한 이후

결국 한 줌도 되지 않는 채굴 기업이 이윤 추구를 위해 채굴을 수행하고 있는 것이 현 상황이다. 그들은 특별히 비트코인 시스템을 떠받치기 위한 사명감으로 채굴을 수행하는 것이 아니라 오로지 보상을 노리는 것일 뿐이므로, 채산이 맞지 않으면 채굴에서 냉정하게 손을 뗄 가능성이 크다. 또한 다른 가상화폐(알트코인)의 채굴 수익성이 높아지면 비트코인을 포기하고 다른 가상화폐의 채굴로 옮겨갈 가능성도 충분하다. 어쨌든 현재의 채굴자들이 언제까지고 비트코인 채굴을 지속할 것이라는 보장은 없다.

많은 채굴자들이 채굴업에서 철수해버리면 비트코인 거래 승인이 지연되거나, 필요한 계산량이 줄어들어 네트워크의 안전성이 떨어지는 등의 장애가 발생한다. 또한 다른 채굴자가 손을 떼는 시기를 노려 소수의 채굴 기업이 과반수의 계산 권력을 장악하고 이른바 '51퍼센트 공격'에 나서서 비트코인 네트워크를 좌지우지할 가능성도 있다. 이는 악의적인 참가자가 네트워크 전체 채굴 능력의 50퍼센트 이상을 지배하고 부정한 거래를 하는 것이다. 가장 극단적인 경우에는 아무도 채굴을 하지 않게 되어 비트코인 시스템 유지가 힘들어지는 시나리오도 상정할 수 있다.

보상액이 반감하는 시기는 거의 정확히 예측 가능하다. 비트코인이 투자용 자산으로서의 성격을 강화하고 있는 만큼, 비트코인의 이러한 불편한 진실이 시장에서 널리 공유되는 시점에 가격 폭락 등의 파멸적인 순간이 발생할지도 모른다. 그리고 투기적인 가격 형성이 이루어지고 일종의 버블이 발생하는 경우(지금으로서는 그럴 가능성이 높다고 여겨진다)에는 가격 상승 기대에 대한 부작용이 급격하고 폭넓게 나타날 것으로 우려된다.

4

블록 사이즈 문제가 일으킨
비트코인 분열

비트코인은 2017년 8월 1일에 두 종류의 화폐로 분열했다. 중국의 관련 업자가 비트코인(BTC)을 분기시켜 새로운 가상화폐 '비트코인 캐시(BCC)'를 만들었기 때문이다.

비트코인 거래량의 상한 문제와 대립 ————————

이번 분열 소동의 배경에는 비트코인 거래량의 상한 문제가 있다. 비트코인의 거래 데이터를 넣는 '블록'의 사이즈는 최대 1메가바이트로 정해져 있다. 10분마다 이루어지는 모든 거래 데이터를 이 용량에 수용하기 때문에, 비트코인 거래는 전 세계적으로 1초 동안에 최대 일곱 건밖에 이루어질 수 없었다(이는 10분 동안에 4,200건, 하루 동안에 약 60만 건에 해당한다). 그러나 비트코인 거래 건수가 늘어나자 거래량은 이 블록 사이즈의 상한을 웃돌게 되었다. 이처럼 거래량이 블록의 용량을 초과하는 바람에 거래의 정체와 승인의 지연이 발생하고 말았다.

비트코인의 거래량이 10분 동안에 세계적으로 약 4,200건을 넘으면 블록 사이즈의 한계를 초과하기 때문에, 그 10분 동안을 대상으로 하는 블록에 모든 거래가 들어가지 못하고 다음 블록으로 넘어가버린다. 따라서 거래 승인이 되기까지 시간이 걸리고 거래의 처리가 늦어져서 아무리 시간이 지나도 거래가 확정되지 않는(송금이 되지 않는) 사태가 벌어진다. 실제로 최근 1~2년 동안에는 거래가 블록에 들어가 확정되기까지 수십 분에서 수 시간이나 걸리는 지연 상태가 자주 발생하고 미승인 상태의 거래가 수만 건이나 쌓여서 커다란 문제가 되었다.

비트코인 관계자들은 이러한 사태에 대한 대책을 찾기 위해 지금까지 두 진영으로 나뉘어 논쟁을 펼쳤다. '비트코인 코어' 진영은 거래 데이터 내에 있는 디지털 서명을 분리해 거래 데이터*를 압축하는 '세그윗(segwit)**'이라는 기능을 추가함으로써 한 블록의 용량을 바꾸지 않고도 한 건당 거래 데이터를 줄이는(블록 사이즈를 작은 상태로 두는) '스몰 블록' 방안을 내세웠다. '비트코인 언리미티드' 진영은 일정 시간 내에 더욱 많은 거래를 가능하게 하기 위해 필요에 따라 커다

---

* 블록 용량의 대부분은 거래 데이터가 차지한다.
** segregated witness(분리된 서명)의 약자다.

란 블록 사이즈를 인정해야 한다는 '빅 블록' 방안을 내세웠다. '비트코인 언리미티드' 진영에서는 블록 사이즈를 단순히 늘리는 것이 아니라, 시간대마다 거래량에 따라 블록 사이즈를 결정하는 '가변 블록 사이즈 방식'을 주장했다. 또한 2017년에 들어서자 양쪽 진영의 절충안으로서 세그윗도 도입하고 블록 사이즈도 2메가바이트로 늘리는 '세그윗 2메가바이트' 방안까지 추가되어, 총 세 가지 방안을 둘러싸고 치열한 대립이 벌어졌다.

그런데 끝내 대립의 골이 메워지지 않았고 '비트코인 코어' 진영에서는 일방적으로 2017년 8월 1일에 세그윗을 도입하기로 계획했다. 그 도입 날짜를 코앞에 둔 7월 하순이 되자 분열 회피를 위해 많은 관계자들 사이에서 타협이 성립해 절충안인 '세그윗 2메가바이트' 방안을 채용하기로 결정했다. 이 방안은 8월에 세그윗을 도입한 뒤에 11월에 블록 사이즈를 2메가바이트로 확대하는 것이었다. 이로써 분열을 회피할 수 있지 않을까 하는 낙관론이 퍼졌다.

하지만 대형 채굴 기업인 비트메인(중국)과 비아BTC(중국)가 이에 반발했다. 세그윗을 채용하면 자사의 비트코인 채굴 전용 기계를 사용할 수 없게 된다는 이유로 '세그윗 2메가바이트'에 반대했고, 앞서 계획한 대로 8월 1일에 비트코인을 분기(fork)시켜 새로운 가상화폐 '비트코인 캐시(BCC)'를 창설했다. 하드포크(hardfork)라고 하는 블록체인의 영구적 분기가 발생한 것이다(도표 2-13). 새롭게 도입된 BCC는 세그윗 기능을 지니지 않고, 거래량 대책으로서 블록 사이즈를 8메가바이트로 확대했다.

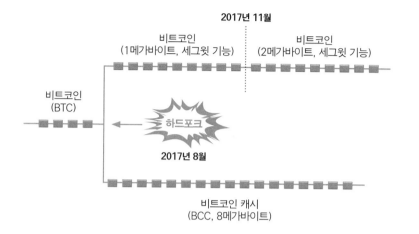

분열 후에 상황이 어떻게 전개되고 있는가? _____

분열 후의 상황 전개에 관해 살펴보자.

첫째, 기존의 비트코인은 '비트코인(BTC, 세그윗 기능 추가)'과 '비트코인 캐시(BCC)'라는 두 가지 블록체인으로 분기해 별도의 화폐로 다루어진다. 두 화폐는 각각 독립된 가상화폐로서 따로따로 가격이 매겨져 거래된다. 가상화폐 거래소에서는 새로운 BCC를 알트코인의 하나로 취급한다.

둘째, 기존 비트코인(BTC)을 소유하던 유저는 같은 수의 BCC를 얻을 수 있다. 일본의 많은 거래소에서는 BTC 보유량에 따라 이용자에게 BCC를 할당했다. 다만 이에 따라 보유하는 화폐의 가치가 그대로

2배가 되는 것은 아니다. 비트코인의 분열은 주식분할과 유사한 구조*이기 때문이다. 이론적으로 화폐의 가치는 분열 후 BTC와 BCC의 가치에 따라 분할된다. 실제로 분열 직후에는 BTC가 약 90퍼센트, BCC가 약 10퍼센트로 분할된 형태로 가격이 형성되었다.

셋째, 어느 쪽이 메인 비트코인으로 기능할지는 각각의 편리성에 따라 정해질 것이다. 높은 지명도와 폭넓은 이용자 및 채굴자를 보면 비트코인의 우위성은 흔들리지 않을 것이라는 견해가 대세지만, 만약 커다란 블록 사이즈를 내세운 BCC가 신속하고 저렴하게 거래할 수 있는 코인이 된다면 집중적으로 거래가 늘어나 메인 체인(주류)에 등극할지도 모른다. 그렇게 되면 BTC가 오히려 사이드 체인(비주류)이 될 가능성도 있다. 하지만 앞에서 설명했듯이 비트코인은 화폐(교환 수단)가 아니라 투자용 자산(가치의 저장 수단)으로 보유하는 경향이 강해서 거래의 처리 속도가 BTC와 BCC의 가격 형성에 얼마나 영향을 미칠지는 미지수다.

분열 소동에서 드러난 불확실성 ──────────

이번 분열 소동으로 비트코인의 불확실성 몇 가지를 엿볼 수 있다.

---

* 주식분할에서는 1주를 2주로 분할하면 이론적으로 가격은 2분의 1이 된다. 예를 들어, 분할 전에 1주가 100만 원이었던 주식은 분할 후에 2주×50만 원(=100만 원)이 된다.

첫째, 프로그램에 따라 짜임새 있게 운영되는 것처럼 보이는 비트코인도 운영을 둘러싼 주도권 분쟁과 무관하지 않다는 점이다. '비트코인 코어' 진영은 비트코인 전체 구조를 운영하고 프로그램을 수정하는 핵심 기술자들이며, 주로 유럽과 미국을 활동 거점으로 삼고 있다. 이에 비해 '비트코인 언리미티드' 진영은 비트코인의 채굴을 수행하는 업자며, 중국의 채굴자들이 커다란 비율을 차지한다. 양쪽 진영이 치열하게 대립하며 2년 이상에 걸쳐 논쟁을 벌인 이유는 비트코인 운영에 관한 주도권 분쟁의 측면도 있다. 비트코인은 관리 소프트웨어에 따라 자동으로 조정되고 질서 정연하게 운영되는 것처럼 보이지만, 그 배후에서는 이해관계가 얽힌 진흙탕 싸움이 펼쳐지고 있다.

둘째, 앞으로도 이러한 분기가 반복될 가능성이 있다는 점이다. '세그윗 2메가바이트'로 이행함에 따라 비트코인의 한 블록에 포함할 수 있는 거래 데이터는 최대 4배 정도 늘어날 것으로 보인다. 이로써 당장에 거래량의 한계 문제는 피할 수 있을 전망이다. 그러나 앞으로도 꾸준히 거래량이 증가하면 언젠가는 똑같은 한계 문제에 직면할 가능성이 있다. 그리고 그때마다 이번과 동일한 노선 대립이나 화폐 분열이 발생할 위험이 있다.

사실 가상화폐의 분열 발생은 처음이 아니다. 가상화폐의 시가총액으로 보면 비트코인에 다음가는 2위인 '이더리움' 역시 해킹 피해를 당한 것을 계기로 2016년 7월에는 '이더리움'과 '이더리움 클래식' 등 두 종류의 화폐로 분열했고, 현재는 별도의 화폐로 운영되고 거래되고 있다.

셋째, 일련의 분열 소동으로 중앙 관리자가 없는 비트코인의 특징이 약점이 될 수 있다는 사실이 드러났다. 책임을 지고 시스템 전체를 관리하는 주체가 없으면 대립이 발생했을 때 해결되기까지 많은 시간이 걸리거나, 대립의 구도가 끝내 해소되지 못하고 최종적으로 분열에 이를 것이다. 분열하더라도 (합산한) 가치가 떨어지지만 않으면 문제없다고 하는 사람도 있지만, 앞으로도 몇 번이고 분열 소동이 벌어지면 '꿈의 화폐'라는 비트코인의 이미지가 악화되어 결국 가격을 유지하기 힘들어질 수도 있다. 게다가 가상화폐를 안전하고 효율적으로 운영하기 위해서는 일정 수준 이상의 '규모'가 필요하다. 분열이 여러 차례 거듭되고 화폐가 점점 분기되어 세분화될수록 그런 규모를 유지하기가 차츰 어려워진다.

이처럼 비트코인은 결코 완전히 완성된 시스템으로 운영되는 것이 아니며 필요에 따라 수정되기도 한다. 그리고 배후에서는 이해관계가 얽힌 주도권 싸움도 벌어진다. 그런 의미에서 비트코인은 아직 실험 단계에 있는 시스템이라고도 할 수 있다. 이번 분열 소동에서 밝혀졌듯이 비트코인은 '거래량의 상한'이라는, 사실 기술적인 면으로 놓고 보면 매우 기초적인 수준의 문제를 안고 있는 등 완벽한 메커니즘과는 거리가 멀다. 비트코인에 대한 투자를 검토할 때는 이러한 측면도 잘 이해한 뒤에 시작하는 것이 중요하다.

5

정부의 개입으로
비트코인은 끝장날까?

세계 각국에서 비트코인을 비롯한 가상화폐에 대해 규제를 속속 도
입하는 것도 앞으로 비트코인 보급의 걸림돌이 될 가능성이 있다.

규제가 도입되면 비트코인은 어떻게 되는가? _____

JP모건의 CEO인 제이미 다이먼(Jamie Dimon)은 2015년 11월 개최
된 국제 포럼에서 다음과 같이 발언했다.

세상에는 현물도 없고 관리도 되지 않는 화폐란 존재하지 않는
다. 또한 그런 상태를 오랫동안 참아줄 정부도 존재하지 않는다.

이 발언은 '비트코인은 살아남지 못한다', '비트코인은 정부 개입으로 끝장난다'라는 자극적인 제목으로 크게 보도되었다.[*] 당시는 비트코인을 찬양하던 분위기 일색이었던 터라 이 발언이 더욱 화제가 되었다. 비트코인이 2009년 발행되기 시작한 이후 순조롭게 확대를 거듭할 수 있었던 배경 중 하나가 정부 규제의 부재였다. 사람들은 정부 규제를 전혀 받지 않고 비트코인을 매우 자유롭게 거래할 수 있었던 것이다. 각종 규제(본인 확인, 돈세탁 규제 등)가 이루어지는 은행예금 등의 수단과 달리 규제망에 걸리지 않고 익명성이 높은 비트코인은 규제를 회피하고 싶어 하는 사람들이나 익명성을 중시하는 사람들을 중심으로 수많은 투자가를 끌어모을 수 있었다. 다이먼의 발언은 정부의 통제를 회피함으로써 발전해온 가상화폐가 언젠가 필연적으로 정부의 규제를 받아 기세가 한풀 꺾일 것임을 시사했다.

법으로 가상화폐를 규제하는 일본 ──────────

일본에서도 2017년 4월 '개정 자금결제법'이 시행되어 가상화폐에 관한 법적 규제가 도입되었다. 이는 2015년 6월 독일 엘마우성에서

────────

* 'Bitcoin Will Not Survive', CoinDesk, 2015.11.5.

개최한 G7 정상회담에서 가상화폐 규제를 위해 적절한 행동을 취하기로 합의하는 등의 국제적인 가상화폐 규제 동향을 배경으로 한다. 이 합의에 따라 G7 각국, 미국·독일·프랑스·캐나다·이탈리아·영국·일본에 가상화폐에 관한 규제가 도입되었다.

일본의 개정 자금결제법에서는 가상화폐를 도표 2-14처럼 정의한다. 법률 용어가 많아 약간 이해하기 힘들므로 쉽게 풀어서 설명하자면 다음과 같다.

일단 이 규정의 1호에서는 가상화폐가 되는 네 가지 조건을 정의한다. 첫째, 가상화폐는 물품과 서비스를 구입할 때 그에 대한 '대가'를 지불하기 위해 누구에게나 사용할 수 있는 재산적 가치다. 둘째, 가상화폐 자체를 불특정 다수 사이에서 사고팔 수 있다. 셋째, 가상화폐는 전자적인 방법으로 기록된 것으로 한정하며, 엔화나 외화(달러화, 유로화 등)는 제외한다. 넷째, 가상화폐는 컴퓨터를 이용해 이전할

〔도표 2-14〕 일본의 개정 자금결제법에서 규정한 가상화폐의 정의

제2조 5의 법률에서 '가상화폐'란 다음을 말한다.
1. 물품을 구입하거나 빌리거나 또는 서비스를 받는 경우에 그 대가의 변제를 위해 불특정인에게 사용할 수 있고, 또한 불특정인을 상대로 구입 및 매각을 할 수 있는 재산적 가치(전자 기기나 기타 물건에 전자적 방법으로 기록된 것에 한하며, 일본 통화와 외국 통화 및 통화 표시 자산을 제외함. 다음 호에서도 동일함)며, 전자 정보 처리 조직을 이용해 이전할 수 있는 것.
2. 불특정인을 상대로 앞 호에 규정한 것과 상호 교환할 수 있는 재산적 가치며, 전자 정보 처리 조직을 이용해 이전할 수 있는 것.

출처: 일본 금융청

수 있어야 한다. 또한 이 규정의 2호에서는 컴퓨터를 이용해 다른 가상화폐와 교환할 수 있는 가상화폐의 성격이 드러난다.

비트코인은 물품이나 서비스를 매매할 수 있는 사이트나 매장이 존재하고, 가상화폐 거래소에서 불특정 다수와 비트코인을 매매할 수 있으며, 지갑에 전자적인 방법으로 기록된다. 또한 BTC라는 독자적인 단위로 표시되고, 컴퓨터와 인터넷을 통해 한 주소에서 다른 주소로 이전되는 등의 특징이 있으므로 가상화폐의 요건을 각각 충족한다.

그 외에 일본의 개정 자금결제법의 주요 내용은 다음과 같다.

첫째, 가상화폐를 매매하는 가상화폐 거래소를 '가상화폐 교환업'으로 정의하고, 일정한 조건(자본 요건, 재산적 기초 등)을 붙여 '등록제'를 실시한다. 이로써 일정한 기준을 충족한 업자만 가상화폐 거래소를 운영할 수 있다. 둘째, 가상화폐 교환업에 대해서 일정한 업무 규제를 시행한다. 특히 자기 재산과 이용자의 재산을 정확히 분별해서 관리하도록 규제했으며, 계좌 개설을 할 때 본인 확인도 의무화했다. 셋째, 가상화폐 교환업이 금융청의 감독을 받게 되었다. 이에 따라 금융청에 보고서를 제출하고 현장 조사도 받아야 한다.

이러한 규제는 세계적인 가상화폐 규제의 흐름에 따른 것인 동시에, 재무 기반이 취약한 거래소가 고객 자산을 분별해 관리하지 않았던 마운트곡스의 사건에서 얻은 교훈을 반영한 것이다.

규제가 도입되자 이전에 규제받지 않는 지불 수단으로 비트코인을 선택했던 이용자에게는 비트코인의 기존 장점이 사라지고 사용하는 데 불편해졌다. 적어도 돈세탁이나 불법 송금 등에 비트코인을 사용하려고 했던 사람은 다른 수단으로 옮겨갈 수밖에 없을 것이다. 따라서 규제의 도입과 강화는 비트코인을 확대하려는 시도에 역풍으로 작용할 것이라는 견해도 있다. 이에 비해 적당한 규제가 가해짐으로써 비트코인이 합법적인 것으로 인정받아서 이용자가 안심하고 가상화폐를 이용할 수 있게 된다면 업계 전체의 성장으로 이어질 것이라는 낙관적인 견해도 있다.

본격적인 거래소 규제에 들어간 중국

자본 규제를 회피하기 위한 편법으로서 대량의 비트코인 매매가 이루어지던 중국에서도 더 이상의 편법을 막기 위해 비트코인 거래소에 대한 규제를 시작했다. 2017년 1월 중국 당국은 OK코인, 후오비, BTC차이나 등 중국 3대 비트코인 거래소에서 현장 조사를 실시했고, 그 결과 이 거래소들의 비트코인 인출을 수개월 동안 정지했다. 또한 레버리지 거래와 신용 거래 등 적은 자금으로 많은 비트코인을 거래하는 수법을 전면적으로 금지했다.

이러한 규제 강화의 영향으로 이전까지 전 세계 비트코인 거래의 90퍼센트 이상을 차지하던 중국의 거래량이 2017년 2월 이후 약 100분의 1까지 극단적으로 감소했다. 이는 당국의 규제가 가상화폐 거래에 커다란 영향을 끼친 전형적인 사례다. 또한 이전까지 아무런 규제도 받지 않고 자유롭게 거래할 수 있었던 비트코인의 성격이 비트코인 시장을 확대해온 커다란 요인이었음을 보여준다.

비트코인은 중앙에 관리자가 없는 분산적 디자인을 취한다. 그 이유는 당국의 통제를 받지 않는 지불 수단을 만든다는 이른바 아나키즘(무정부주의)적인 이데올로기 때문이다. 비트코인에 의한 거래 자체는 인터넷상에서 자유롭게 이루어지므로, 정부가 그것을 단속할 수는 없다. 그러나 비트코인을 법정통화로 바꾸는 단계에서는 세계적으로 펼쳐진 법망에 걸려 정부의 감독하에 놓이게 되었다. 따라서 정부의 관리를 받지 않고 전 세계의 사람들과 자유롭게 거래한다는 사토시 나카모토의 사상이 전면적으로 실현되었다고 할 수 없다.

6

건전한 커뮤니티는
생겨났는가?

1퍼센트가 90퍼센트의 비트코인을 보유 _____

비트코인 개발자 나카모토는 수많은 이용자가 거래 검증 작업을 얇고 넓게 분담해서 모두 다 함께 비트코인 시스템을 떠받쳐나간다는, 약간 유토피아적인 세상을 꿈꿨다고 여겨진다. 그러나 실제로는 그렇게 되지 않았다. 비트코인 구조는 상위 1퍼센트의 보유자가 전체의 90퍼센트를, 상위 3퍼센트의 보유자가 전체의 97퍼센트를 보유하는 형태며, 한 줌도 되지 않는 사람이 독점한다고 할 수 있을 만큼 왜곡되었다.

채굴에 관해서도 역시 상위 13개 대규모 채굴 기업이 80퍼센트나 되는 점유율을 차지하며, 특히 중국의 채굴 기업이 전 세계 채굴의

70퍼센트를 담당하는 과점 상태를 보인다. 따라서 '분산적이어야 할 비트코인은 실로 한 줌도 안 되는 사람들에 의해 관리된다', '만리장성 안쪽에 채굴 능력이 집중된 문제 있는 상태며, 단 열 명 정도의 사람들이 좌지우지하는 비트코인에 장래는 없다'라고도 언급되는 상황이다.*

이렇게 보유 구조, 채굴 구조, 거래 구조 등 모든 면에서 비트코인은 매우 왜곡된 구조며 폭넓은 이용자층을 얻는 데 실패했다. 당초에 비트코인은 고결한 실험으로서 지향하는 바가 숭고했지만, 현재는 그 목적을 달성했다고는 도저히 말할 수 없는 상황이다.

어째서 보유의 집중을 초래했는가? ———————

이러한 편중을 초래한 이유는 다음의 두 가지를 들 수 있다.

첫째, 화폐나 지불 수단으로서 개발되었음에도 불구하고 채굴에 대해 보상이 주어지는 인센티브 시스템이 너무나도 강하게 작용했다. 경제적인 보상을 확실히 얻을 수 있다면 대규모의 투자를 하고 이득을 가져가는 것이 채굴자에게는 합리적인 선택이다. 또한 가상화폐는 대중에게 친숙하지 않은 매우 특수한 세계라는 점과 입지(전기 요금 수준)에 좌우된다는 점 등으로 인해 일부 국가에 집중된 상황

---

* 비트코인의 중심적 개발자 중 한 명이었던 마이크 헌의 블로그상 발언이다(2016.1.14.).

이 발생했고, 건전한 경쟁 원리가 작동하지 못한 채 채굴의 과점 상태가 이어지고 있다.

둘째, 규제 없는 지불 수단으로서의 측면이 지나치게 주목받았다. 실크로드 사건 등을 통해 비트코인은 일반적으로 건전한 지불 수단이 아니라, 익명성이 높아 불법 송금에 사용할 수 있는 수단으로서의 측면이 강조되었다. 또한 중국에서는 자본 규제를 회피하는 수단으로 주목받아 최근 2년 동안에 걸쳐 전 세계에서 거래되는 비트코인의 대부분을 중국인이 사들이는 이른바 '중국인의 폭풍 구매'를 야기했다. 이러한 상황은 규제 회피를 목적으로 삼는 비트코인 이용자를 늘렸을지는 모르지만, 반대로 건전한 지불 수단으로 비트코인을 이용하려는 사람들을 늘리는 데는 악영향을 끼쳤다고 보인다. 실제로 비트코인의 보유 구조상 소수의 사람이 대부분의 비트코인을 보유하고 있다.

다양하고 폭넓은 이용자층을 구축하지 못하고 건전한 커뮤니티를 만드는 데 실패한 것이 앞으로 비트코인의 보급과 발전에는 커다란 걸림돌이 될 가능성이 높다.

7

비트코인은
한때의 버블인가?

비트코인의 가격은 2017년에 들어서 4배 이상이나 상승했다(8월 기준).
그러면 현재의 비트코인 시세는 과연 버블일까? '버블인지 아닌지는
터져봐야 안다'고 흔히 말한다. 따라서 현재까지의 비트코인 가격 형성
이 버블이라고 단언할 수는 없을 것이다. 그러나 추이를 살펴보면 약간
빠르고 약간 단조롭게 상승해온 것도 사실이다.

투자 지표와 본원적 가치로 살펴본 비트코인 _____

투자 지표가 존재하지 않는 비트코인
비트코인은 탄생하고 나서 몇 년 동안 1달러를 밑도는 가격으로 거

래되었다. 그러던 것이 2017년 8월 중순에는 4,000달러를 웃도는 가격이 붙었다. 가격 상승률이 연간 4,000배 이상인 것이다. 주식에서도 이렇게 대박을 터뜨리는 종목은 좀처럼 볼 수 없다.

특히 2017년에 들어서자 가격이 급상승했다. 2017년 초 1,000달러 정도였던 것이 반년 남짓한 짧은 기간에 4,000달러대로 상승해 약 4배 이상 급등했다. 그 요인으로는 비트코인의 인지도가 높아지면서 투자가 층이 확대된 것, 비트코인 발행 상한의 존재가 널리 알려지면서 가격 상승 기대가 높아진 것, 일본에서 개정 자금결제법에 의해 가상화폐 거래소가 금융청의 규제를 받기 시작하면서 투자가가 거래소를 이용하는 데 안심을 느끼기 시작한 것(또한 거래소 측도 그 점을 홍보하기 시작한 것) 등이 복합적으로 영향을 끼쳤다고 여겨진다. 특히 가격 상승 기대가 높아져서 판매자가 거의 없어지고 구매자만 늘어나는 바람에 소액 매매를 중심으로 가격만 상승하는 전개를 보였다.

비트코인 시세를 살펴볼 때 주의해야 할 것이 주식과 같은 투자 지표가 없다는 점이다. 주식의 경우에는 PER(주가수익비율)*이나 PBR(주가순자산배율)** 등 주가 수준의 척도가 있다. 이러한 수치가 크면 과매수, 수치가 작으면 과매도라고 판단할 수 있고, 주가가 이에 따라 조정된다. 그러나 비트코인에는 이러한 지표가 없으므로 무엇을 기준으로 가격이 높은지 낮은지 판단해야 할지 전혀 알 수 없다. 가격의

---

* Price Earnings Ratio의 약자며, 주가를 1주당 이익으로 나누어 산출한다.
** Price Book-value Ratio의 약자며, 주가를 1주당 순자산으로 나누어 산출한다.

축이 되는 기준이 없기 때문에 고평가된 가격에 대해 경계심을 갖기 힘들고, '일단 사면 가격이 오른다'는 식으로 시세가 한 방향으로 흘러가기 쉽다.

본원적 가치로 본 비트코인의 가치

비트코인의 본원적 가치에 관해서도 검토가 필요하다. 최근에 주류가 된 기업재무론의 이론에 따르면, 금융 상품의 가치는 그 보유자가 장래에 얻게 될 캐시플로(이자, 배당, 원금)의 순현재가치의 합계로 정의한다. 예를 들어 주가는 '배당 할인 모델'에 의해 이론 가격을 산정할 수 있다. 이 모델에 따르면 현재의 주가는 발행 기업의 장래에 걸친 각 시기의 배당을 현재의 가치로 환산한 '순현재가치'의 합계액이다. 그러나 비트코인은 보유해도 특별히 이자나 배당을 받지 않으므로, 보유자로서 장래에 얻게 될 캐시플로에서 환산한 가격은 0일 가능성이 높다. 그래서 국제결제은행은 2015년 보고서에서 '가상화폐의 본원적 가치는 0이다'라고 단언하며, '그 가치는 오로지 장래에 물품이나 법정통화로 교환할 수 있다는 신뢰에만 의존한다'고 덧붙였다.

또한 최근의 이론적 연구*에서도 '비트코인의 가격에는 투기적 요소가 상당히 포함되어 있다', '비트코인의 가격은 버블일 가능성이 높다', '비트코인의 기초적 가치(fundamental value)는 0이다'라고 결

---

* Cheah & Fry(2015).

론을 내렸다. 심지어 이 논문은 비트코인의 가격이 200달러대였던 2015년 2월에 작성된 것이다. 그로부터 가격이 무려 20배 이상 오른 현시점에서는 (이 연구가 옳다면) 비트코인이 버블이 아니라고 판단하기는 매우 어렵다고 할 수 있다.

과거의 버블에서 얻을 수 있는 교훈

애초에 1달러도 되지 않았던 비트코인이 4,000달러 이상으로 높아진 현 상황은 17세기 네덜란드의 튤립 버블을 연상시킨다. 튤립 버블 시기에는 겨우 수천 원의 가치밖에 없던 튤립 구근에 당시 네덜란드인 평균 연봉의 5배 이상이나 되는 가격이 붙었다. 이는 집 한 채를 살 수 있는 가격이었으며 희소한 품종은 가격이 더욱 높게 형성되었다. 튤립 버블은 1634년경에 시작되었다가 1637년에 아무런 징조도 없이 돌연 튤립 가격이 폭락하면서 끝났다. 버블이 지속된 기간은 불과 3년이었다.

버블은 매번 다른 얼굴로 다가온다는 특징이 있다. 어떨 때는 부동산 버블이었다가, 그다음에는 주식 버블이었다가, 또 그다음에는 국채 버블이었다가, 더 나아가 미술품 버블이 생겨나기도 한다. 버블을 일단 거친 자산은 한동안 경계의 대상이 되어 버블이 생겨나기 어려워지지만, 버블은 모습을 바꾸어 다른 자산으로 다가오는 경향이 있다. 가상화폐는 지금까지 버블의 세례를 받지 않았기 때문에 새로운 버블이 될 가능성을 품고 있다.

그리고 전문가를 자칭하는 사람이 나타나 가격 상승을 정당화하는 이론을 논리 정연하게 주장할 때가 특히 위험하다. '이번에야말로 지금까지와는 다르다(This time is different)'라는 그럴듯한 가설이 나올 때가 가장 위험한 것이다. 일본의 버블 시기에도 '주가는 땅값 상승을 반영하면 닛케이 평균 주가로 5만 엔까지 오를 것이다'라든가 '도쿄는 국제 금융 도시이므로 외자계 기업이 대거 진출해와서 수많은 초고층 건물이 필요해지고, 이에 따라 땅값이 더욱 오를 것이다' 등의 주장이 넘쳐났던 때가 버블의 절정이었다. 그 후 주가와 땅값이 동반 폭락을 거듭했다는 것은 주지의 사실이다. 최근 비트코인에 관해서도 '세계를 바꾸는 화폐가 될 것이다'라면서 '2020년까지 1BTC = 25만 달러(약 2억 6000만 원)가 될 것이다*'라든지 '2030년에는 50만 달러를 바라본다***' 등의 비약적인 예측이 난무하는 것을 보아하니, 일본의 부동산 버블 시기와 상당히 유사하다는 느낌을 떨칠 수 없다.

일본은행에서 오랫동안 리스크 관리를 담당해온 우에무라 슈이치는 최근의 저서에서 '일단 가격이 지속적으로 상승할 것으로 예측되면 그곳에 참가하는 것이 합리적이라고 여겨진다. 또한 실제로 이익을 얻는 사람이 나타나면 그것이 사람들의 사행심과 위험 감수 욕구를 부추긴다'라며 버블이 확대해가는 과정을 설명한다.*** 비트코인

---

* 'Bitcoin price will hit $250,000 by 2020', Cointelegraph, 2017.6.9.
** 'Bitcoin price could be $500,000 by 2030', Business Insider, 2017.5.4.
*** 『버블과 함께 살아온 남자, 어느 일본은행맨의 기록』(2017). 이 책의 저자 우에무라 슈이치植村修는 현재 오이타현립 예술문화단기대학 교수이다.

으로 몇 억 원을 벌었다느니, 가상화폐로 자산을 100배로 늘렸다느니, 가상화폐에 투자하지 않으면 무조건 손해라느니 하는 이야기가 난무하는 지금의 풍조는 이미 버블 상황에 돌입한 것이 아닌가 하는 의구심을 불러일으킨다.

ICO는 마법의 연금술인가?

ICO란 무엇인가?

가상화폐에 관한 또 다른 흥미로운 움직임으로서 'ICO'가 성행 중이다. ICO란 Initial Coin Offering의 약자로, '신규 가상화폐 공개'라고도 한다. 이는 기업이 주식을 상장해서 처음으로 주식을 발행하고 자금을 조달하는 'IPO(신규 주식 공개, Initial Public Offering)'를 모방한 용어로, 주식 대신에 독자적인 가상화폐를 발행해서 자금을 조달하는 것을 가리킨다.

ICO에서는 독자적인 코인을 발행하고 투자가에게 판매함으로써 개발비와 연구비를 조달한다. 그리고 이 코인을 사기 위해서는 법정통화가 아니라, 비트코인이나 이더리움 등의 가상화폐로 지불해야한다(이는 세계 어디서든지 ICO에 참여하기 쉽게 하기 위해서다). 즉, 가상화폐로 가상화폐를 사는 형태여서 독자적인 코인을 사려면 지정된 가상화폐를 먼저 구매해야 한다.

2017년 6월 블록체인 관련 프로젝트인 '방코르 프로젝트'가 이더리움을 활용한 ICO로 약 3시간 동안 167억 엔 상당의 금액을 조달했는데, 이는 지금까지 ICO의 최고액이다. 앞으로도 ICO로 자금을 조달하려는 프로젝트가 줄줄이 예정되어 있고, 그 자금 조달액 규모는 2016년에 약 1000억 원이었던 것이 2017년에 1조 원 이상이 될 것으로 보인다. 이전부터 벤처기업에서 자금을 조달할 때 중요한 역할을 해온 벤처 캐피털(Venture Capital, VC)에 비하면 ICO는 아직 몇 퍼센트 정도의 규모에 불과하다. 하지만 달리 생각하면 그토록 작은 시장에 단기적인 가격 상승을 노리는 거액의 자금이 몰려들어 코인의 가격을 급등시킨다고 할 수 있다.

ICO를 하기 위해서는 반드시 기업을 설립할 필요가 없다. 화이트페이퍼(whitepaper)라고 하는 사업 계획서만 있으면 된다. 기업의 형태조차 갖춰지지 않은 프로젝트더라도 투자가에게 어필할 만한 사업 계획만 있으면 거액의 자금을 조달할 수 있다는, 마치 요술 방망이 같은 수법인 것이다.

리스크가 현격히 높은 ICO

ICO를 하는 곳의 대부분은 블록체인과 관련된 비즈니스를 시작하려는 스타트업 기업(혹은 아이디어만 있는 상태)인데, 그 사업 내용의 옥석을 가리기가 힘들다. 따라서 리스크가 매우 높아질 수밖에 없고, 투자가는 리스크를 감수하고 자금을 제공하는 데 신중한 자세로 임해야 정상이다. 그러나 지금까지 신규 코인의 가격 상승 실적을 바탕으로 'ICO로 발행되는 독자적인 코인은 틀림없이 수십에서 수백 배로 가격이 상승한다'는 인식이 퍼져 있어 'ICO 신규 코인'이라는 이름으로 판매에 나서면 어떠한 조건으로도 투자가 쇄도하고 손쉽게 거액의 자금을 조달할 수 있는 상태다. 그런데 같은 미상장 기업이 발행하는 주식은 팔리지 않으면서, 'ICO 신규 코인'이라는 이름의 정체 모를 코인은 큰 인기를 끈다는 것은 생각해보면 기묘한 일이 아닐 수 없다.

ICO는 상장할지 말지 모를 벤처기업에 투자하는 것이다. 자산으로 뒷받침되는 주식을 보유하면 배당을 받을 권리 등 주주로서의 권리가 생기지만, 자산의 뒷받침이 없는 ICO 신규 코인을 보유하면 아무런 권리도 생기지 않는다. 또한 벤처 캐피털로 벤처기업에 투자하는 경우에는 사업 계획이나 경영진을 엄격히 평가하는 과정을 거치지만, ICO의 경우에는 사업 아이디어를 보여주는 화이트페이퍼 정도밖에 확인할 수 없다. 따라서 ICO는 벤처 투자보다 훨씬 리스크가 높다. 실제로 ICO로 조달한 자금을 사용해 의미 있는 상품을 내놓은 프로젝트는 거의 존재하지 않는다는 조사*도 있다.

또한 ICO로 발행되는 코인은 법률적인 규제나, 투자가의 보호를 위한 방안도 정비되어 있지 않다.** 잘 알려지지 않은 코인이라면 막상 팔려고 해도 취급하는 가상화폐 거래소를 찾지 못할 가능성도 있다. 그리고 무엇보다 아무리 전망 있는 사업이라도 잘 풀리지 않고

---

* '10억 엔을 모은 ICO가 어떠한 상품도 출시하지 못하는 이유', 비트코인뉴스, 2017.9.1.
** 2017년 7월 미국 증권거래위원회는 ICO에 의해 발행되는 코인이 내용에 따라서는 유가증권에 해당하며 규제 대상이라고 선언했다.

벽에 부딪히면 코인의 가치는 뚝 떨어진다. 더 나아가 사업자가 파산하면 코인의 가치는 0이 되고 만다. 미국 증권거래위원회(SEC)가 ICO의 위험성에 대해 경고했고, 중국 당국에서는 'ICO는 금융 사기에 가까운 형태라서 금융 질서를 현저히 어지럽힌다'면서 이미 중국 내에서 ICO를 전면 금지했다.

어떤 분야가 유행하면 관련 상품이 무엇이든 분별없이 팔리는 것은 버블 시기의 특징이다. 예를 들어 2000년 전후의 인터넷 버블(IT 버블) 시기에는 인터넷과 관련된 기업(닷컴 기업)의 주식이라면 막 설립된 벤처기업이라도 상관없이 마구 팔리고 가격이 올랐다(미국 나스닥 지수는 몇 년 사이에 무려 약 5배로 늘어났다). 그러나 2001년 버블이 붕괴해 주가는 뚝 떨어졌고 수많은 IT 관련 벤처기업이 파산으로 내몰렸다. 현재도 세계적으로 돈이 남아도는 상황에서 'ICO 코인'이라는 이름만 붙이면 무엇이든 날개 돋친 듯 팔리므로, 가상화폐의 파생 버블로서 'ICO 버블'이 발생한 상태로 보인다.

게다가 ICO에 참가하기 위해서는 ICO 코인을 구매할 가상화폐를 준비해야 한다. 그 때문에 ICO에 흔히 활용되는 이더리움의 가격은 비트코인보다 훨씬 높은 상승률을 보이고 있다. 2017년 초부터 8월 중순까지의 동향을 살펴보면, 비트코인은 그사이에 가격이 약 4배로 뛴 데 비해, 이더리움은 가격이 30배 이상 뛰었다(10달러에서 300달러대로). ICO의 성행과 ICO 투자를 위한 이더리움 구입이 서로 순환되어 가격이 급등하는 상황이다. 다만 이러한 순환이 역회전하게 된다면 역방향(가격 하락)의 순환이 발생할 가능성도 있다는 점을 주의해야 한다. 레버리지가 역회전해 시장이 붕괴하는 공포는 리먼 브라더스 사태에 의해 금융 위기를 맞았을 때 이미 경험한 바 있다.

묻지 마 투자는 금물

요즘 가격 상승을 끊임없이 거듭하는 비트코인은 돈 버는 가상화폐로 여겨진다. 일본에서는 이 같은 인식을 악용하는 가상화폐 투자 세미나가 확산되어 우려를 낳고 있다. 물론 제대로 된 성격의 세미나도 있겠지만, 그중에는 무조건 돈을 번다면서 비트코인의 개념조차 잘 이해하지 못하는 고령자에게 반강제로 가상화폐를 사도록 부추기는 세미나도 있다. 지금까지 재테크라고는 은행예금밖에 모르고 주식이나 투자신탁 등의 투자 경험이 전혀 없는 사람이 이러한 세미나에 출석하더니 느닷없이 가상화폐에 거액을 투자하는 매우 조마조마한 사례도 적지 않다. '비트코인으로 돈을 많이 번다더라', '가상화폐의 가격 상승률이 대단하다더라'는 이야기를 듣고 가상화폐 시스템조차 잘 이해하지 못한 채 가상화폐에 투자하는 사람들, 특히 고령자가 늘어나고 있다. 주식시장에는 '일반인까지 매수하러 들어올 때가 최고점이다(이후로 폭락한다)'라는 말이 있는데, 주의가 필요한 시점이다.

　뿐만 아니라 이러한 세미나 중에는 '내가 발행하는 코인에 투자하면 몇 종류의 가상화폐에 분산해서 투자해주겠다'라고 제안하는 경우도 있다. '코인'이라는 이름을 붙였지만, 이는 일종의 '가상화폐 펀드'며 모금한 자금으로 가상화폐에 투자하는 것이다. 그러나 이런 업자가 약속한 대로 가상화폐에 투자하는지 확인할 방법은 없다. 애초에 자금을 갈취할 목적으로 가상화폐를 핑계로 내세우는 가상화폐 사기나 사기 코인의 수법도 존재하는 모양이다. 실제로 투자하고 나서 얼마 지나지 않아 업자와 연락이 끊어진 사례도 있다. 일본 국민 생활센터에서는 가상화폐를 둘러싼 갈등을 상담하는 건수가 늘었다. 가상화폐 규제 도입에 의해 가상화폐가 법적으로 인정받고 투자가도 보호받을 수 있다고 호도하는 상술에는 각별히 주의해야 한다.

지금까지 살펴본 것처럼 비트코인은 부정적 인식의 확산과 신뢰성 저하, 보유·채굴·거래 구조의 편중, 발행 상한과 보상의 반감기 등 자체 시스템의 폐해, 블록 사이즈 문제와 분열 소동, 가상화폐에 대한 규제 도입 움직임, 건전한 커뮤니티 형성의 실패, 버블의 징조 등 여러 가지 과제와 문제점을 안고 있다. 이를 종합할 때 비트코인의 장래성에 관해서는 더욱 엄격한 눈으로 바라보는 편이 좋을 것이다.

비트코인의 중심적 개발자였던 마이크 헌(Mike Hearn)은 '비트코인이라는 실험은 실패했다'라고 단언했다. 당분간은 어느 정도의 규모를 유지할 수는 있겠지만, 비트코인이 금융의 세계를 근본부터 뒤엎을 존재가 되리라는 기대는 급속히 사그라졌고, '한정된 유저만 사용하는 비주류 상품으로 명맥을 유지할 것*'이라는 견해가 매우 유력하다. 이미 금융의 주류에 있는 해외 주요 은행에서는 비트코인을 전혀 상대해주지 않는다.

한편 이와 달리 비트코인의 핵심 기술인 '블록체인'은 금융 시스템을 근본부터 뒤엎을지도 모를 잠재력을 지녔다고 평가받으며 커다란 기대를 모으고 있다(이 점에 관해서는 3장부터 상세히 설명하겠다). 비트코인과 블록체인은 한 덩어리로 뒤섞어서 이야기하는 경우가 많지만, 사실 이 둘은 각각 확실히 구별해서 생각해야 하는 개념이다.

---

* BIS(2015).

3장

블록체인이야말로
차세대 핵심 기술

After Bitcoin

비트코인의 장래성에 관해서는
낙관론에 기댄 긍정적인 전망도 있는 반면,
2장에서 설명했듯이 중장기적으로는 수많은 과제도 존재하기 때문에
회의적인 견해도 적지 않다.
이런 와중에 **금융 시스템을 근본부터**
뒤엎을지도 모른다는 전망으로
각광받기 시작한 것이 바로 **블록체인**이다.
블록체인은 금융의 핵심을 이루는 주류 업무의 형태를
크게 변화시키는 혁신이다.
비트코인은 어디까지나 블록체인의 첫 활용 사례이자
특수한 적용 사례 중 하나에 불과하다.
'비트코인 중심의 세계'에서 '블록체인이 주인공이 되는 세계'로
옮겨가기 시작한 것이다.

1

이것이
진정한 기술이다!

비트코인에서 블록체인으로 중심이 바뀐다 _____

블록체인에 대한 높아지는 기대

일단 블록체인에 관해 다시금 복습해보자. 블록체인은 원래 비트코인을 뒷받침하는 핵심 기술로 개발된 것이다. '블록'이라고 불리는 거래 데이터 덩어리를 일정 시간마다 생성하고 시계열적으로 사슬(체인)처럼 연결함으로써 데이터를 보관하는 데이터베이스 기술이다. 블록(데이터 덩어리)을 연결해가는 형태가 체인처럼 보여서 '블록체인'이라고 불린다. 체인상의 과거 거래 데이터를 수정하려면 그 과거 시점부터 최신 블록까지 전부 고쳐야 하기 때문에, 과거 거래의 위조가 사실상 불가능한 시스템이다. 이는 비트코인의 중복 사용이나 부정 거래를 방지하는 데 중요한 역할을 한다.

비트코인이 이미 끝났다고 여기는 금융계 사람들도 블록체인에 관해서는 '진정한 기술이다!', '인터넷 이래 최대의 발명이다'라고 보는 경우가 많으며, 블록체인에 금융을 근본부터 뒤엎을 잠재력이 있다고 평가한다. 또한 블록체인은 매우 범용성 높은 시스템이라 금융 분야 외에 유통, 부동산, 의료 등의 비금융 분야에서도 활용되리라 기대된다. 이 책에서는 금융 분야에서의 활용 방안에 초점을 맞춰 이야기하겠다.

디지털 자산의 관리와 금융 업무

블록체인은 디지털 자산의 소유권을 등록해둔 후 그 소유권을 안전하고 즉각적으로 이전하는 데 적합한 시스템이다. 블록체인을 디지털 자산에 처음으로 응용한 사례가 비트코인 등의 가상화폐였지만, 응용 대상이 되는 디지털 자산이 반드시 가상화폐에 한정될 필요는 없다. 블록체인의 응용 대상은 자금, 증권, 귀금속 등이 될 수도 있다.

지금까지 금융기관에서는 누가 얼마의 자금을 계좌에 보유하고 있는지(잔액 기록), 주식이나 채권이 누구에게서 누구에게 매매되는지(거래 기록) 등을 전자 데이터로 관리해왔다. 즉, '디지털 자산의 소유권 등록과 이전'이라는 블록체인의 기능은 지금까지 금융기관이 일상 업무로 해왔던 것과 그대로 맞아떨어진다.

따라서 블록체인 기술은 금융 업무와 매우 친화성이 높아 보이며, 실제로 이 기술을 활용한 다양한 시도가 이루어지고 있다. 금융 분야

중 특히 국제적인 송금과 증권 결제(주식 등의 자산 이동)에서 활약이 기대되며 이미 각국에서 블록체인을 이용한 몇 가지 실증실험이 진행 중이다. 국제 송금과 증권 결제는 은행이나 증권사 등 금융의 핵심적 기관이 담당해온 이른바 금융의 주류 업무다. 이 부분에 실제로 블록체인이 응용된다면 업무 혁신과 비용 절감 면에서 효과가 굉장히 클 것으로 여겨진다.

블록체인이 주인공이 되는 세계로

비트코인 등의 가상화폐가 기존 금융의 주류와는 약간 동떨어진 주변부의 혁신인 데 비해, 블록체인은 금융의 핵심을 이루는 주류 업무의 형태를 크게 변화시키는 혁신이다. 최근 금융업계에서는 블록체인이 주인공이 된다는 인식이 공유되기 시작했고, 이 기술을 어느 분야에 응용할지가 중심 과제로 떠올랐다. 비트코인은 어디까지나 블록체인의 첫 활용 사례이자 특수한 적용 사례 중 하나에 불과하다. '비트코인 중심의 세계'에서 '블록체인이 주인공이 되는 세계'로 옮겨가기 시작한 것이다. 비트코인이 도입되었을 당시와 비교해보면 주객이 완전히 뒤집혔다고 할 수 있다.

블록체인의 응용 분야는 폭넓게 상정된다. 그중 가상화폐에 응용하는 경우를 '블록체인 1.0', 금융 분야(가상화폐 외)에 응용하는 경우를 '블록체인 2.0', 토지 등기, 자산 관리, 물류 관리, 의료 정보, 선거 투표 관리 등 비금융 분야에 응용하는 경우를 '블록체인 3.0'으로 분류할 수 있다(도표 3-1).

〔도표 3-1〕 비트코인과 블록체인의 관계

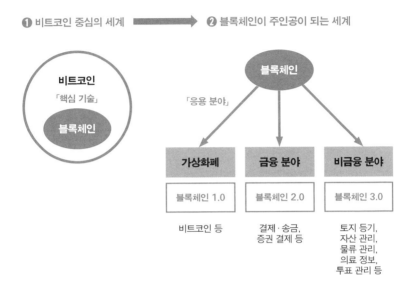

블록체인에서 분산형 장부 기술로

분산형 장부 기술이란?

블록체인은 거래 기록을 사슬처럼 연결해서 관리하는 시스템이므로 모든 거래 이력이 기록된, 이른바 거대한 장부라고 할 수 있다. 그리고 네트워크 내의 참가자가 각자 가지고 있는 장부(소유권의 기록)를 동시에 변경하는 형태로 소유권 이전이 이루어진다. 이는 네트워크 내의 거래 참가자가 소유권 기록을 분산해서 관리할 수 있다는 의미다. 다시 말해 소유권 데이터는 네트워크상의 분산된 데이터베이스에 다수의 똑같은 내용이 동시에 존재한다.

이 때문에 최근에는 블록체인 기술을 '분산형 장부 기술(Distributed Ledger Technology, DLT)'이라고 부르는 경우가 많다. 또한 각 거래 참가자가 공통의 장부를 갖는 형태여서 '공통 장부(common ledger)'라고 하기도 한다.

거래가 이루어지는 동시에 장부 변경을 합의하면 그 내용이 모든 참가자에게 전송되고(broadcast), 일정 시간 내에 모든 분산형 장부가 새롭게 쓰인다. 이 일정 시간을 '레이턴시(latency)'라고 한다. 또한 블록체인을 설명할 때 네트워크 참가자는 흔히 '노드(node)'라고 칭해지는데 이는 IT 용어로 네트워크상의 컴퓨터를 의미한다.

분산형 장부 기술의 영향

지금까지 금융 세계에서는 거래 기록을 신뢰할 수 있는 제3자(민간은행, 중앙은행, 증권 결제 기관 등)가 중앙형 장부(중앙 데이터베이스)를 활용해 집중적으로 관리하는 것이 일반적인 관리 방법이었다(도표 3-2의 ①). 그런데 분산형 장부를 활용해 각 유저가 분산적으로 거래 기록을 관리한다면 금융 거래를 매우 낮은 비용으로 심지어 실시간으로 할 수 있을 것이다(도표 3-2의 ②).

'중앙형 장부(central ledger)'에서 '분산형 장부(distributed ledger)'로 이행함으로써 글로벌 송금 시스템 구축이나 결제 인프라의 혁신으로 이어질 가능성이 있다. 이는 금융기관의 업무를 크게 변화시킬 뿐 아니라, 그런 서비스의 최종 사용자인 투자가, 기업, 개인 등에게도 거래 비용 절감 등을 통해 큰 폭의 혜택을 가져다준다. 따라서 블록체

인 도입에 의해 금융 서비스가 근본적으로 변화하는 동시에 다양한
최종 사용자(고객)의 이득으로 이어질 가능성이 있다.

〔도표 3-2〕 중앙형 장부와 분산형 장부의 이미지

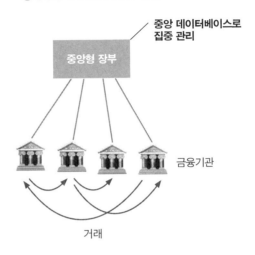

❶ 중앙형 장부에 의한 집중 관리

중앙형 장부

중앙 데이터베이스로
집중 관리

금융기관

거래

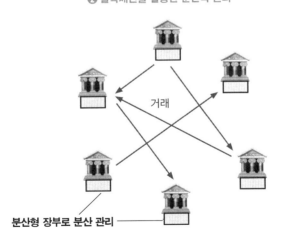

❷ 블록체인을 활용한 분산적 관리

거래

분산형 장부로 분산 관리

블록체인과 분산형 장부 기술의 관계

최근 금융 분야에서는 블록체인보다 분산형 장부 기술이라는 말을 더 자주 들을 수 있다. 그 이유는 블록을 체인 모양으로 연결해서 관리한다는 순수하게 기술적인 측면보다 소유권 데이터를 분산형으로 관리한다는 본질적인 측면이 유저(금융기관 등)에게 중요하게 여겨지기 때문이다.

기술적으로 블록체인은 꾸준히 발전해왔다. 가장 처음으로 비트코인의 핵심 기술로 사용된 기술이 '오리지널 블록체인'이다. 이후로 더 발전해서 다양한 진화형 블록체인이 탄생했는데 이를 총칭해서 '블록체인 기술'이라고 한다. 그리고 블록체인보다 광의의 개념으로 '분산형 장부 기술'이 있다(분산형 장부이지만 엄밀하게는 블록체인이 아닌 경우도 있다). 이를 '블록체인 관련 기술(또는 광의의 블록체인 기술)'이라고도 한다(도표 3-3).

다만 IT 기술자 외에는 이러한 용어들을 그렇게까지 엄밀히 구별할 필요는 없으며, 블록체인과 분산형 장부 기술이 거의 똑같은 의미라고 받아들여도 상관없다. 블록체인과 분산형 장부 기술은 같은 기술을 서로 다른 측면에서 달리 부르는 용어라고 생각하면 된다. 블록체인과 분산형 장부 기술의 관계는 마치 샴페인과 스파클링 와인의 관계와 같다. 샴페인은 생산지와 제조법에 따라 엄밀하게 정의되지만, 스파클링 와인은 그렇게 엄밀한 정의가 없다. 일반 소비자 입장에서는 샴페인이든 스파클링 와인이든 발포 와인이라는 점에서 별로 다르지 않다. 이에 비해 소믈리에 같은 전문가에게는 그 차이가 매우

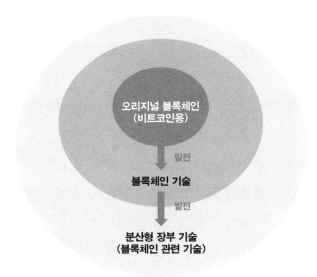

중요할 것이다.

　공적 기관의 보고서에서도 양쪽을 같은 의미로 다루는 경우가 많다. 따라서 이 책에서도 이제부터 블록체인과 분산형 장부 기술을 거의 동일한 의미로 사용하겠다.

분산형 장부 기술의 특성

블록체인을 분산형 장부 기술 측면에서 볼 때 지금까지 설명했듯이 위조하기 어려운 점 외에 가용성이 높고, 비용이 저렴하다는 특성이 있다. 이와 관련해 보다 자세히 설명하겠다.

위조가 어렵다

블록체인 기술을 사용하면 과거에 이루어진 거래 데이터를 위조하기 어려워진다. 블록체인에서는 새로운 블록을 만들 때 과거의 블록 요소(데이터의 압축값)를 넣는다. 즉, 각 블록에는 일정 기간의 거래 기록과 함께 직전 블록의 내용을 나타내는 데이터(해시값)가 포함된다.

예를 들어 과거에 생성한 T개째 블록 내의 거래 데이터를 고쳤다면 변경한 블록 내용을 나타내는 해시값도 바뀐다. 그러면 T+1개째의 해시값을 다시 계산해서 블록을 새로 만들고, 그것을 토대로 T+2개째의 해시값을 다시 계산해야 하는 식으로, 지금까지의 모든 블록을 일일이 다시 만들어야 한다.

게다가 정규 체인이 만들어지는 속도보다 빠르게 지금까지의 블록을 모두 새롭게 성립시켜야 한다. 이러한 행위를 하기 위해서는 실로 막대한 계산량이 필요하다. 전 세계 모든 채굴자의 계산 능력을 전부 합한 능력보다 더 많은 계산량이 필요하다고 한다. 그래서 이를 실현하기는 사실상 불가능하다. 이처럼 블록체인은 과거의 거래를 위조하기가 매우 곤란하다는 특성이 있다.

가용성이 높다

가용성이 높다는 말은 장애가 적다는 말과 같다. 블록체인에서는 네트워크상의 수많은 컴퓨터가 똑같은 데이터를 나누어 갖고 분산적으로 데이터를 관리한다. 분산된 데이터베이스상에 수많은 데이터가 동시에 존재하는 셈이다.

따라서 자연재해, 정전, 외부 해킹 등으로 어느 한 곳의 데이터가 손실되어도 다른 참가자의 컴퓨터가 작동된다면 전체적으로 시스템을 유지할 수 있다. 블록체인은 한 군데가 작동되지 않더라도 시스템 전체가 장애가 되는 '단일 장애점(single point of failure)'이 없기에, 모든 참가자(노드)가 동시에 작동 불능이 되지 않는 한 시스템의 지속적인 운용이 가능하다. 단적으로 말하면 블록체인은 장애가 발생하기 어렵고 시스템이 다운되지 않는 특성을 지닌다.

비용이 저렴하다

블록체인이 주목받는 가장 큰 요인은 금융기관 입장에서 극적인 비용 절감으로 이어질 가능성이 있어서다. 보통 금융기관은 거래와 고객에 관한 막대한 데이터베이스를 유지해야 해서 대규모의 집중 관리 센터를 보유하며 보안과 백업에 거액의 비용을 들인다. 하지만 분산형 장부 기술로 바꾸면 리소스가 적게 드는 분산형 컴퓨터와 데이터베이스로 거래를 관리할 수 있고, 블록체인 기술의 견고한 보안 기능 덕분에 관련 부분의 비용을 절감할 수 있다.

또한 현재는 여러 기관이 동일한 장부를 따로따로 관리하고 있기 때문에 가끔씩 시간을 들여가며 정산 작업이나 노스트로 계좌 대조 작업*을 해야 하는데, 각 참가자가 공통 장부를 갖게 되면 이러한 작업이 불필요해진다.

블록체인을 활용하면 중앙 집권형 시스템의 중개자가 불필요해지고 참가자끼리 직접 거래하기 때문에, 그만큼 적은 비용으로 신속한 거래가 가능하다. 금융 인프라를 블록체인으로 대체한다면 비용이 10분의 1이 될 것이라는 대담한 예측도 나오고 있다.[**]

* 은행이 해외의 환거래 은행에 보유하는 계좌의 잔고를 확인하는 것이다.
** 각종 블록체인 기업의 예측이다.

2

블록체인의
대표적인 유형

블록체인이라는 용어는 '거래 데이터를 블록으로 만들어 시계열적으로 체인처럼 연결해서 관리하는 기술'의 총칭일 뿐, 실제로 이 기술을 시스템에 장착하는 단계에서는 블록체인의 다양한 유형이 나타난다.

블록체인의 유형과 특성 ─────────────────

블록체인의 유형은 '공개형(open)'과 '폐쇄형(closed)'으로 구분할 수 있다(도표 3-4).

〔도표 3-4〕 공개형 블록체인과 폐쇄형 블록체인의 비교

	공개형 블록체인	폐쇄형 블록체인
거래 참가자의 제한	없음 (자유롭게 참가할 수 있음)	있음 (특정 범위의 참가자로 제한)
거래 승인에 대한 참가의 제한	없음 (자유롭게 참가할 수 있음)	있음 (특정 범위의 참가자로 제한)
중앙 관리자의 존재	없음 (프로그램이 규정)	있음 (전체를 통제)
네트워크에 대한 참가	자유	승인이 필요
다른 명칭	퍼블릭 블록체인 허가 불필요형 블록체인	프라이빗 블록체인 허가형 블록체인
활용 사례	가상화폐(비트코인 등)	금융계에서의 실증실험

누구나 참가할 수 있는 공개형 블록체인

'공개형' 블록체인은 참가자를 한정하지 않고 누구나 네트워크에 참가할 수 있도록 꾸민 형태다. 이 경우에 네트워크 참가는 익명으로 할 수 있다.

또한 거래 승인 작업(채굴)도 참가자 누구나 자유롭게 할 수 있다. 시스템 전체를 관리하는 중앙 관리자가 없어서 시스템은 프로그램으로 규정되고 제어된다.

이러한 구조가 바로 비트코인에서 채용한 시스템이다. 이 블록체인의 유형은 일반에게 개방되어 있다는 의미에서 '퍼블릭(public)' 블록체인이라고도 한다. 또한 네트워크 참가에 특별한 허가가 필요 없어서 '허가 불필요형(permissionless)' 블록체인이라는 명칭도 있다.

특정 참가자만으로 이루어진 폐쇄형 블록체인

비트코인은 완전한 공개형 블록체인이라 누구나 참가할 수 있는 시스템이다. 그러나 블록체인이 반드시 공개형 시스템일 필요는 없다. 특정 참가자만이 참가할 수 있도록 꾸민 블록체인을 '폐쇄형' 블록체인이라고 한다.

폐쇄형 블록체인에서는 참가를 허가하는 단계에서 참가자의 신원이 모두 밝혀져서 익명성이 없다. 거래 승인 작업도 특정 범위의 참가자만이 수행할 수 있다. 그리고 시스템 전체를 관리하는 중앙 관리주체가 존재하며, 이 주체가 참가자의 범위를 결정하는 등 전체 시스템을 운영한다.

이런 식으로 활용하는 블록체인은 참가자를 한정한다는 의미에서 '프라이빗(private)' 블록체인이라고 한다. 또한 참가하는 데 특별한 허가가 필요해서 '허가형(permissioned)' 블록체인이라고도 한다. 특정 기업의 소그룹에서 이용하는 '컨소시엄형' 블록체인, 특정 기업내부에서 이용하는 '특정 기업형' 블록체인 등으로 분류하기도 한다.

공개형과 폐쇄형의 구별은 왜 중요한가?

가상화폐 등에서 사용되는 공개형 블록체인은 누구든지 네트워크에 자유롭게 참가할 수 있기 때문에 서로 모르는 사람들끼리 안전하게 거래할 수 있도록 만들어야 한다. 또한 악의적인 거래자의 존재를 고려할 때, 거래 승인을 수행하는 데 복잡한 계산을 하도록 유도하는 등 매우 엄격하게 설계할 필요가 있다. 즉, 공개형 블록체인은 누구나 자유롭게 참가할 수 있도록 만들기 위해 참가자의 노력과 시간을 희생시킨다.

비트코인은 사실 블록체인 활용법으로서는 꽤나 특수한 사례다. 실용성 면에서는 신뢰 범위 내로 참가자를 한정하고 중앙 관리자가 시스템 전체를 치밀하게 관리할 수 있는 폐쇄형 블록체인이 보다 뛰어나다. 그래서 앞으로는 폐쇄형 블록체인이 주류가 될 가능성이 높다. 실제로 현재 금융계에서 실증실험이 이루어지는 많은 프로젝트는 대부분 폐쇄형 시스템을 채용한다.

비트코인이 블록체인의 첫 번째 응용 사례인 만큼 블록체인에 관해 논의할 때면 무의식적으로 공개형 블록체인을 떠올리는 경우가 많은데, 이에 주의가 필요하다. 예를 들어 블록체인은 서로 신뢰가 없는 불특정 다수 사이에서 안전한 거래를 가능하게 만드는 수법이라거나 블록체인은 중앙 관리자 없이 거래를 실현하는 시스템이라는 설명은 블록체인을 공개형으로 활용하는 경우만을 암묵적인 전제로 삼고 있다.

이처럼 블록체인 활용의 일반론이 아니라, 실제로는 비트코인 같은 공개형의 활용법을 설명하는 사례가 적지 않아서 충분한 주의를 기울이지 않으면 커다란 오해를 불러일으킬 수 있다. 따라서 논의의 대상이 공개형 블록체인인지 폐쇄형 블록체인인지를 명확히 구별한 후에 논의를 시작하는 것이 무엇보다 중요하다.

합의 형성의 수법, 합의 알고리즘 _____

공개형 블록체인과 폐쇄형 블록체인의 구별이 중요한 이유는 그것이 '합의 형성'의 방법과 밀접히 관련되어 있기 때문이다. 합의 형성은 분산된 데이터베이스상에 다수 존재하는 장부 정보를 네트워크상의 전원이 공유하기 위한 수법이다. 구체적으로 말하면, 일정 기간의 거래를 모아서 승인하고 다음 블록을 생성하기 위한 과정이다.

이러한 합의를 이루는 방법을 일반적으로 '합의 알고리즘(consensus algorithm)'이라고 한다. 비트코인에서는 합의 알고리즘으로 '작업 증명'이라는 수법을 이용하는데, 그 외에도 여러 방법이 있으며 상세한 사항은 바로 뒤에서 설명하겠다.

비트코인처럼 공개형 블록체인에서는 전 세계 누구든지 네트워크에 참가할 수 있고, 거래 승인 작업(채굴)도 누구든지 할 수 있다. 그 때문에 거래 데이터를 조작해서 부정한 블록을 작성하려는 악의적인 참가자가 들어올 가능성이 있다. 그래서 악의적인 참가자가 존재하더라도 올바른 데이터만 다음 블록에 기록하기 위해 거래 승인에 복잡한 계산을 요구하게 되었고, 이로써 거래가 승인되기까지 약 10분이나 소요되는 시스템으로 완성되었다. 결국 공개형 블록체인은 완전히 신뢰할 수 없는 사람들끼리 네트워크를 이루기 때문에 거래 승인에 엄격한 절차가 필요한 것이다.

이에 비해 폐쇄형 블록체인에서는 허가받은 사람들만이 참가할 수 있어서 악의적인 참가자가 들어올 여지가 매우 적다. 따라서 한정된 참가자 가운데 일정 비율의 합의에 의해 거래를 승인하는 형태로 더욱 간편하게 거래 승인을 해나갈 수 있다. 폐쇄형 블록체인에서는 거래를 고속으로 처리할 수 있는(일정 시간 내에 다수의 거래를 처리할 수 있는) 합의 알고리즘을 채용하는 것이 가능하다. 또한 폐쇄형 블록체인에는 중앙 관리자가 있어서 만에 하나 부적절한 거래를 하는 참가자가 있다면 그 참가자를 네트워크에서 배제하는 형태로 안전성을 확보할 수 있다.

비트코인에서는 거래 승인을 위해 작업 증명이라는 방법을 채용한다. 작업 증명을 위해서는 컴퓨터에 강한 부하가 걸릴 만큼 까다로운 수학적 문제를 풀어야 하며, 거래가 승인되기까지 약 10분이 필요하다. 이러한 막대한 노력과 시간을 들여야 하는 이유는 전적으로 비트코인이 참가자를 한정하지 않는 공개형 블록체인 시스템이기 때문이다. 공개형 블록체인에는 중앙 관리자가 없으니 부정한 참가자에 대해서는 네트워크상의 모든 사람이 협력하고 감시해야 하는데, 그러기 위해서는 꽤 많은 노력과 시간과 비용이 들 수밖에 없다.

처음부터 폐쇄형 블록체인으로 만들면 미리 참가자를 제한하고 신뢰할 수 있는 참가자끼리 거래를 승인함으로써, 높은 안정성을 확보할 수 있다. 그러면 거래할 때마다 막대한 계산 처리를 해서 합의를 형성할 필요가 없다. 이로써 거래를 신속히 확정하고 짧은 시간 내에 대량의 거래를 처리할 수 있다. 이는 금융 거래에 블록체인을 도입하는 커다란 이유라고 할 수 있다.

진화하는 합의 알고리즘 _____

비트코인은 네트워크상에서 참가자들 간에 합의를 형성하는 합의 알고리즘으로서 작업 증명을 사용했지만, 그 후 몇 가지 변형도 나타났다. 또한 폐쇄형 블록체인에 적합한 합의 알고리즘도 출현하며 기술적 진화를 거듭하고 있다(도표 3-5). 각각의 기본적인 구조와 장단점을 확인해보자.

작업 증명

작업 증명(Proof of Work, PoW)이란 컴퓨터로 까다롭고 복잡한 수학적 문제를 가장 먼저 푸는 사람이 블록 갱신 권한을 갖는 시스템이다. 1장에서 설명했듯이 비트코인에서는 거래의 승인 방법으로 이 방법을 채용한다.

〔도표 3-5〕 주요 합의 알고리즘

합의 알고리즘의 명칭	내용
작업 증명	컴퓨터로 까다로운 수학적 문제를 푼다. 맨 처음 정답을 찾아낸 사람이 블록을 생성할 수 있다.
지분 증명	코인의 보유량이 많고 보유 기간이 긴 사람에게 블록 갱신 권한을 부여하는 시스템이다.
중요도 증명	코인의 보유량이 많고, 보유 기간이 길고, 거래량이 많고, 경제적인 공헌도가 큰 사람에게 새로운 블록 작성의 권한을 부여하는 시스템이다.
실용적 비잔티움 장애 허용	검증 노드와 비검증 노드를 구별한다. 검증 노드에 권한을 집중하고, 검증 노드끼리의 합의제로 거래를 승인하는 시스템이다. 일정 비율 이상의 검증 노드가 합의하면 거래가 승인된다.

지분 증명

지분 증명(Proof of Stake, PoS)은 네트워크상의 자산(가상화폐 등) 보유량이 많고 보유 기간이 긴 참가자일수록 채굴의 난이도가 낮아지도록 함으로써, 많은 코인을 오랫동안 보유한 사람이 블록 갱신 권한을 쉽게 얻을 수 있는 시스템이다. 이는 네트워크상의 자산을 많이 갖고 있는 사람이라면 그 자산의 가치를 떨어뜨리는 부정한 방법을 사용하지 않을 것이라는 믿음에 토대를 둔다.

PoS에서의 채굴은 '주조(minting)'라고 하며, 코인 보유량과 보유 기간을 곱한 값으로 나타내는 '코인 햇수(CoinAge)'가 클수록 주조를 손쉽게 할 수 있다. 비트코인과 마찬가지로 채굴이 필요하지만 수치를 일일이 대입해야 하는 방식이 아니라, 유저의 코인 햇수에 따라 계산해야 하는 범위가 좁아져서 결과적으로 코인 햇수가 클수록 주조에 성공하기 쉬워지는 구조다.

따라서 PoS는 PoW처럼 고성능 컴퓨터를 갖추고 막대한 전기 요금을 부담할 필요가 없다는 장점이 있다. 그러나 한편으로 자산 보유량이 중요해 자산의 유통이 정체된다는 단점이 있다.

중요도 증명

중요도 증명(Proof of Importance, PoI)은 네트워크상의 자산(가상화폐 등) 보유량이 많을수록, 보유 기간이 길수록, 그리고 최근 사용 빈도가 높을수록 채굴 난이도가 낮아지는 구조다. 다른 참가자와 빈번히 거래하고 네트워크 내에서 공헌도가 큰 사람에게 우선적으로 새로운 블록 작성의 권한을 부여하는 시스템인 것이다.

PoI에서의 채굴은 '수확(harvesting)'이라고 부른다. 수확을 유리하게 만드는 '중요도'는 계정 내의 잔액, 거래 수로 계산된다. 채굴을 유리하게 만드는 조건으로 거래 수를 포함함으로써 코인의 유통이 정체되기 십상인 PoS의 결점을 극복하고자 했다.

지금까지 설명한 세 가지 합의 알고리즘은 악의적인 참가자의 존재를 전제로 두고 엄격한 방식으로 부정을 배제하는 시스템이다. 이러한 방식에서는 모든 참가자(노드)에게 블록 생성 권한이 있어서 특정 관리자를 거치지 않고 합의 형성을 할 수 있다는 장점이 있다. 그러나 거래가 승인되기까지 어느 정도 시간이 걸리기 때문에 실시간 거래가 불가능하고 거래의 완료성(finality)도 떨어진다는 한계가 있다.

실용적 비잔티움 장애 허용

최근에 관심이 높아지고 있는 합의 형성 수법이 '실용적 비잔티움 장애 허용(Practical Byzantine Fault Tolerance, PBFT)'이다. PBFT에서는 '검증 노드'와 '비검증 노드'의 권한을 구별한다. 검증 노드는 거래를 검증하는 권한이 있다. 비검증 노드는 거래를 할 수 있지만 검증은 하지 않는다.

PBFT는 검증 노드에 거래 승인의 권한을 집중하고 검증 노드끼리의 합의제로 거래 승인을 하는 구조다. 일정 비율(3분의 2 이상 등)의 검증 노드가 합의한 단계에서 정당성이 인정받고 거래(트랜잭션)가 승인되는 시스템이다(도표 3-6).

PBFT에서는 일부의 신뢰할 수 있는 검증 노드끼리의 합의(일정 비율 이상의 합의만으로 족함)로 거래가 승인되어 신속하고 확실한 가치(자산 등)의 이전이 가능하다. 즉, 검증 노드에 의한 신속한 거래 승인으로 일정 시간 내에 많은 거래를 처리할 수 있다(높은 처리율). 또한 검증 노드에 의한 합의로 다음 블록이 생성되어 '블록체인의 분기

〔도표 3-6〕 PBFT의 구조

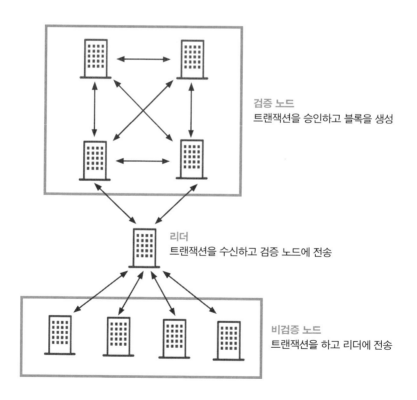

검증 노드
트랜잭션을 승인하고 블록을 생성

리더
트랜잭션을 수신하고 검증 노드에 전송

비검증 노드
트랜잭션을 하고 리더에 전송

(fork)'문제가 발생하지 않고, 거래가 승인되는 시점에 곧바로 결제 완료성(finality)을 얻을 수 있다는 것도 커다란 장점이다.

금융 분야에서 활용되려면 대량의 거래를 실시간으로 처리할 수 있고, 결제 완료성을 조기에 확보할 수 있는 것이 필수적이고 중요한 조건이다. PBFT는 이와 같은 특성 때문에 금융 거래와 궁합이 잘 맞는다고 보이며, 실제로 금융 분야의 실증실험에서는 PBFT가 비교적 자주 활용되고 있다.*

공개형 블록체인에서는 하나의 계정을 한 표로 삼아 다수결로 거래를 승인하는 시스템을 도입하려면, 한 명의 유저가 여러 계정을 만들어 네트워크의 지배권을 잡으려는 공격(civil attack)이 끊이지 않게 된다. 그런데 폐쇄형 블록체인에서는 관리자가 계정 수를 한정해 관리하므로 이러한 공격이 일어날 수 없다. 또한 PBFT에서는 일부의 신뢰할 수 있는 노드(검증 노드)에만 거래 승인의 권한을 부여함으로써 더욱 안전성을 높였다.

---

* Sieve, Paxos, Raft 등 PBFT를 더욱 확장한 알고리즘도 나왔다.

3

금융 분야가 주목하는 블록체인

블록체인은 한창 발전 중인 기술이며 나날이 진화를 거듭하고 있다. 이런 상황에서 각 금융기관이나 IT 기업은 블록체인의 중심적 위치를 차지하고 고객을 확보하기 위해 치열한 개발 경쟁을 벌이고 있다. 여기에서는 금융 분야의 실증실험에서 활용되는 대표적인 블록체인에 관해 살펴보겠다.

리눅스에서 추진하는 하이퍼레저 패브릭 _____

하이퍼레저 패브릭(hyperledger fabric)은 리눅스 재단(Linux Foundation)에서 하이퍼레저 프로젝트로 개발하고 있는 블록체인이다. 하이퍼레저 패브릭은 금융업계를 위한 표준 블록체인을 지향한다. 현재 전 세계 30개 이상의 선진 IT 기업들이 협력해서 블록체인 기술의 확립을 도모하고 있다(그중에서도 IBM의 공헌이 특히 크다고 여겨진다). 독자적인 합의 알고리즘(PBFT 계열)이나 멤버십 관리 시스템을 포함하며, 금융 외에도 제조, 보험, 부동산 계약, IoT, 라이선스 관리, 에너지 거래 등에 응용되도록 추진 중이다.

이 프로젝트는 소프트웨어를 구성하는 프로그램인 소스 코드를 무상으로 일반 공개하는 오픈 소스 시스템을 취하기 때문에, 누구든지 그 소프트웨어를 개량하고 이용할 수 있다. 이로써 하이퍼레저 패브릭은 일반에게 친숙한 시스템이 되어 금융계의 수많은 실증실험에서 활용되고 있다.

거래소 중에는 독일거래소(프랑크푸르트 증권거래소를 운영), DTCC(미국의 증권 결제 기관), CME그룹(미국의 파생상품 시장을 운영) 등이 이 프로젝트에 참가한다. 그리고 은행 중 미국에서는 JP모건체이스, BNY멜론, 스테이트스트리트 등이, 유럽에서는 ABN암로, BNP파리바, BBVA 등이 참가해서 앞으로의 전개에 중심적 역할을 담당할 것으로 보인다.

또한 일본에서는 후지쓰, 히타치, NEC, NTT데이터 등의 기업이 참가하는데 이들 기업을 통해 일본의 금융기관에 기술이 도입될 것으로 전망된다.

R3컨소시엄에서 추진하는 코르다 _____

코르다(Corda)는 R3컨소시엄에서 개발을 추진 중인 블록체인이며, 금융업계에 특화된 분산형 장부 기술이다. R3는 미국의 스타트업 기업이다.

R3를 중심으로 2015년 9월 조직된 R3컨소시엄에는 전 세계 80개 이상의 주요 은행이 참가하고 있다. 미국에서는 뱅크오브아메리카, 씨티은행, 스테이트스트리트 등이, 유럽에서는 도이체방크, 바클레이스, UBS, 크레디스위스 등이, 일본에서는 미즈호은행, 미쓰비시도쿄 UFJ은행, 미쓰이스미토모은행 등이 참가한다. 이처럼 세계 주요 은행들이 빠짐없이 참가하기 때문에 이 프로젝트가 성공한다면 코르다가 금융 분야의 표준적인 분산형 장부 기술로서 단숨에 보급되고 각광받을 것이다.

코르다는 금융 거래에 특화되어 개발되고 있는 만큼 금융기관에 편리한 사양들을 갖추고 있다. 코르다의 '데이터 공유 모델'은 거래 데이터를 네트워크 내에 브로드캐스트(일제 송신)하지 않고, 거래 당사자(매도자와 매수자) 사이처럼 '알 필요가 있는 범위 내'에서만 공유한다. 따라서 금융기관에서 중시하는 거래의 프라이버시를 지킬 수 있다.

또한 '거래(트랜잭션)의 검증'에 관해서도 거래 건마다 당사자 사이에서 검증을 하는 시스템이라서 비트코인처럼 10분마다 블록을 만들거나 거래 승인을 위해 복잡한 계산을 해서 작업 증명을 하는 일은 없다.

합의 형성은 '유효성 합의(validity consensus)'와 '일의성 합의(uniqueness consensus)' 등 두 가지 방법으로 이루어진다. 전자는 과거의 거래 이력과 보유 잔액을 살펴 거래의 유효성 및 필요한 관계자의 서명 등을 확인하는 것이다. 후자는 동일한 자산에 의한 중복 지불(double spending)이 벌어지지 않았음을 확인하는 것이다. 어느 쪽이든 합의를 형성하고 승인하는 행위는 거래 당사자에게 맡겨지므로 개별 거래를 실시간으로 확정할 수 있다. 그리고 당국에 거래 보고를 곧바로 하기 위해 당국 노드를 설치하기로 상정하고 있어서 당국에 개별적으로 보고하는 수고를 아낄 수 있을 것으로 기대된다.

R3는 이미 2016년 8월 코르다의 특허를 신청했다. 또한 코르다를 오픈 소스로 공개해, 개발자는 소스 코드에 접근해서 이용할 수 있다. 2017년 5월에는 R3가 주식을 발행해 세계 15개국 이상의 40개 금융기관으로부터 1200억 원 규모의 금액을 출자받았다. 이는 블록체인 관련 프로젝트의 자금 조달액으로는 당시 최대 액수였다. 폭넓은 출자로 R3는 일개 벤처기업에서, 세계 주요 금융기관이 공동으로 소유하는 공적인 성격의 기관으로 거듭났다.

R3컨소시엄에서는 코르다의 개발을 추진하는 한편, 컨소시엄 내의 은행과 각종 실증실험을 진행할 예정이다. 또한 코르다를 이용하는 금융기관을 위한 플랫폼인 '콩코드'도 개발하고 있다.

리플에서 추진하는 인터레저 프로토콜 _____

미국의 스타트업 기업인 리플은 저렴하고 신속한 국제 송금을 목표로 프로젝트를 진행 중이다. 인터레저 프로토콜(Interledger Protocol, ILP)이라는 분산형 장부 기술을 사용하는 이 프로젝트에는 전 세계 유력 은행들이 참가한다(6장 참조). 프로젝트에 참가하는 은행은 이 네트워크에 접속해서 장부를 공유함으로써 효율적인 송금을 할 수 있다. 거래 승인에 많은 시간이 필요 없는 양자 간 검증 방법을 채용해 겨우 몇 초 만에 송금을 실행할 수 있는 시스템이다.

4

금융 분야의
블록체인 실증실험

블록체인은 금융의 모습을 근본적으로 바꿔놓을 기술로 주목받고 있으며, 금융 분야에서 다양한 응용법이 모색되고 있다. 구체적으로는 국내 송금, 국제 송금, 크라우드펀딩, 무역 금융, 채권(債權) 관리, 채권(債券) 발행, 증권 플랫폼, 신디케이트 론, 환거래 은행 간의 잔액 대조 작업, 금융기관의 사내 시스템 등을 들 수 있다. 이 중에서도 특히 유력한 블록체인(분산형 장부 기술)의 응용처로서 실증실험이 진행 중인 분야가 국제 송금, 증권 결제다.

국제 송금에서의 응용 _____

국제 송금은 상대방에게 돈이 도착하기까지 시간이 오래 걸리는 데 다 수수료가 비싸다는 문제점이 있다. 그래서 은행에서는 블록체인 기술을 사용해 국제 송금을 싸고 빠르게 만들려고 한다.

이러한 국제 송금 혁명의 움직임을 이끄는 것은 미국 기업 리플을 중심으로 하는 '리플 프로젝트'다. 이 프로젝트는 2016년부터 북미, 유럽, 아시아의 대형 은행들이 참가하면서 점차 크게 주목받고 있다. 또한 일본에서는 리플의 시스템을 이용해 해외 송금은 물론 국내 송 금까지 실시간으로 저렴하게 시행하려는 '내외환 일원화 컨소시엄' 을 발족하고, 시중 은행, 지방 은행, 인터넷 은행 등 60곳 이상의 은 행이 참가하는 일대 프로젝트를 가동했다(6장 참조).

증권 결제에서의 응용 _____

국제 송금과 더불어 증권 결제 분야도 블록체인의 응용처로 각광받 고 있다. 주식이나 채권 같은 증권의 결제는 현재로서는 수많은 당사 자와 관련된 복잡한 과정을 거쳐야 하지만, 블록체인을 이용하면 그 과정을 대폭 합리화해서 비용을 절감할 수 있을 것이라는 기대감이 커지고 있다. 미국의 나스닥, 호주증권거래소(ASX), 일본거래소그룹 (JPX) 등이 시범 사업과 실증실험을 실시하고 있다(7장 참조).

5

블록체인을 도입할 때
결정해야 하는 것

블록체인을 실제 업무에 도입하는 방법(arrangement)은 여러 가지다. 금융 분야에서는 이미 국제 송금과 증권 결제 등의 분야에서 실증실험이 이루어지고 있는데, 블록체인을 금융 분야에 응용할 때 검토해야 할 사항들은 다음과 같다.

공개형인가, 폐쇄형인가?

금융 분야에서 블록체인을 활용하려면 높은 보안성을 확보해야 할 뿐 아니라, 어떠한 문제가 발생했을 때 부정한 거래를 적발하고 부정 거래자를 네트워크에서 배제하는 등의 대응을 해야 한다. 따라서 비트코인 같은 공개형 블록체인을 도입하기는 어려워 보인다. 그래서 필연적으로 참가자의 범위를 좁혀 신뢰할 수 있는 참가자만 거래에 참가시키고 중앙 관리자가 전체 시스템을 관리(governance)하는 폐쇄형 블록체인을 채용할 수밖에 없다.

거액이 오가는 금융 거래에서는 '전체 시스템이 프로그램으로 관리되니까 괜찮다'는 식으로 대충 넘길 수가 없다. 아무래도 책임의 주체를 명확히 해둘 필요가 있는 것이다. 만약 예기치 못한 사태가 발생하면 관리자가 주체가 되어 대응해야만 한다. 실제로 금융 분야에서의 실증실험에서는 대부분 폐쇄형 블록체인을 채용하고 있다.

합의 알고리즘으로는 무엇을 사용할 것인가? _____

공개형 블록체인과 폐쇄형 블록체인 중 하나를 선택하는 것은 거래 승인의 합의 형성을 하기 위한 합의 알고리즘 선택과 직결된다. 비트코인처럼 공개형 블록체인을 도입한다면 불특정 다수가 참가하기 때문에 부정 거래를 배제할 수 있는 합의 알고리즘이 필요하다. 그래서 작업 증명처럼 시간과 노력이 많이 드는 합의 알고리즘을 선택할 수밖에 없다.

이에 비해 폐쇄형 블록체인을 도입한다면 신뢰할 수 있는 일부 참가자(검증 노드)의 합의에 의해 거래를 승인하는 등의 간략한 합의 형성 시스템을 채용할 수 있다. 그러면 일정 시간 내에 대량의 거래를 처리할 수 있을 뿐 아니라, 결제 완료성(finality)을 확보하면서 거래를 진행해나갈 수 있다. 따라서 금융 분야의 실증실험에서는 실용적 비잔티움 장애 허용을 많이 채용한다. 한 걸음 더 나아가 거래 당사자끼리 거래를 승인하는 '양자 간 승인'이라는 시스템도 나왔다(코르다, 인터레저 프로토콜 등).

참가자의 역할과 권한을 나눌 것인가?

모든 참가자(노드)에게 평등하게 똑같은 역할을 줄 것인가, 아니면 노드에 따라 역할과 권한을 나눌 것인가? 이것도 검토해야 할 중요한 사항이다. 예를 들어 비트코인의 경우에는 모든 참가자가 동일하게 역할을 분담하고 동일한 자격으로 거래와 채굴에 참가한다. 하지만 금융 거래에 적합한 실용적 비잔티움 장애 허용을 채용하면 거래를 하는 '비검증 노드'와 거래를 승인하는 '검증 노드'의 권한을 구별한다.

채굴에 대해 보상을 해줄 것인가?

비트코인에서는 거래 검증을 수행하려면 컴퓨터로 매우 복잡한 계산을 해야 하기 때문에 채굴에 대해 일정한 비트코인을 보상으로 부여하는 시스템을 취한다. 비트코인의 안전성을 확보하기 위해서는 채굴이 필수인데, 참가자에게 채굴을 시키려면 무언가 인센티브를 줄 수밖에 없는 것이다. 그리고 이것이 일부 대규모 채굴업자에 의한 과점이라는 문제를 야기했음은 2장에서 이미 설명했다.

한편 금융 분야에서 블록체인을 활용할 때 그 네트워크에서 거래되는 것은 비트코인 같은 가상화폐가 아니라, 달러화나 엔화, 원화와 같은 법정통화로 표시되는 자금이나 증권이다. 따라서 참가자가 채굴에 성공할 때마다 달러화나 엔화, 원화를 부여하는 시스템은 적당하지 않을 것이다(대체 누가 이를 부담할 것인가?). 오히려 참가자가 한정된 네트워크에 참가하는 조건으로 거래 승인 작업을 수행하도록 약정하는 것이 자연스럽다고 여겨진다. 네트워크에 참가하는 금융기관은 블록체인으로 거래함으로써 이득을 얻으니, 그 대가로 네트워크에 일정한 공헌을 하는 것이 전혀 이상하지 않다. 따라서 금융계의 블록체인에서는 거래 승인 작업(채굴)에 특별히 보수가 주어지지 않는 모습을 상정한다.

거래 데이터를 누구나 볼 수 있도록 할 것인가? _____

비트코인에서는 모든 거래 데이터가 네트워크상의 분산형 장부로 공유된다. 따라서 누가 누구와(어느 주소가 어느 주소와) 언제, 어떤 거래를 했는지, 네트워크상의 모두가 열람 가능하다. 다만 비트코인에서는 익명 주소를 사용하기에 특별히 문제가 되지 않는다.

그러나 금융 거래에서는 이러한 거래 내용을 공유하는 것이 꼭 적절하다고는 할 수 없다. A은행이 B은행에 거액을 지불했다거나, C증권이 D사 주식을 대량으로 매수했다거나 하는 중요한 거래 정보를 시장 참가자 모두가 본다면, 당사자로서는 결코 바람직하지 않은 일이다. 따라서 거래 데이터는 거래 당사자 외에는 볼 수 없도록 제한할 필요가 있다.

이처럼 분산형 장부에서 '프라이버시 설정'을 하려면 네트워크상의 참가자 전원이 공통된 장부를 지니면서도 거래 내용 자체는 권한 있는 노드(거래 당사자 등)만 볼 수 있도록 해야 하는데, 이는 이미 기술적으로 가능하다. 거래 데이터를 모두 암호화해두고, 권한을 부여받은 참가자(거래 당사자 등)만 그 암호를 풀어 내용을 볼 수 있도록 하는 설정이다.

이상과 같이 금융 분야에 분산형 장부 기술을 도입하는 경우에는 참가자의 범위를 좁히는 폐쇄형 블록체인을 선택하고, 합의 형성은 거래의 고속 처리가 가능한 실용적 비잔티움 장애 허용 계열의 알고리즘이나 당사자 간 거래 승인으로 수행하고, 필요한 경우에는 노드에 따라 역할을 나누고, 트랜잭션의 검증·승인을 하더라도 특별히 보상을 주지 않고, 거래 당사자 외에는 거래 내용을 볼 수 없도록 제한하는 등으로 방향을 잡을 수 있다. 금융 분야에서 이루어지는 실증실험의 대부분은 이러한 도입 방법(arrangement)에 의해 블록체인(분산형 장부 기술)의 실용화를 꾀하고 있다.

블록체인의 도입 방법은 비트코인 사양과는 커다란 차이가 있다. 비트코인의 설계 사상은 누구나 당국의 관리를 받지 않고 전 세계에서 자유롭게 가치를 이전할 수 있다는, 이른바 거래의 자유와 참가의 자유에 중점을 두었다. 이에 비해 앞으로 금융 분야에 도입될 것으로 보이는 블록체인에서는 거래의 안전성과 신뢰성, 거래의 실시간성, 조기 결제 완료성 등이 중시될 것이다.

비트코인의 작업 증명이나 채굴처럼 기존의 상식을 깨뜨리는 시스템에 비하면 블록체인의 사양은 약간 소박해 보일지도 모른다. 하지만 사람들이 금융에서 추구하는 것은 세상을 바꾸겠다는 꿈이나 혁신성이 아니라, 든든한 신뢰와 안심이 아닐까? 또한 금융 거래에서는 일정 시간에 수많은 거래를 처리하는 것, 거래를 순조롭게 확정해나가는 것, 거래의 프라이버시를 지키는 것 등도 요구된다. 금융의 오랜 역사를 돌이켜보면 앞으로 블록체인 비즈니스가 나아갈 방향을 자연스럽게 알 수 있을 것이다.

4장

화폐의 전자화는
역사의 필연

After Bitcoin

국제결제은행은 2015년 보고서를 통해
'중앙은행은 분산형 장부 기술에 어떻게 대응할 것인가?'라고
문제 제기를 한 뒤,
'선택지 가운데 하나는 중앙은행이 직접 이러한 기술을 이용해
자체 **디지털화폐를 발행**하는 것이다'라고 강조했다.
만약 각국 중앙은행에서 정말로
디지털화폐를 발행하는 날이 온다면,
그 영향은 금융업계뿐 아니라 개인이나 기업 등 모든 사람에게
가늠할 수 없을 만큼 막대할 것이다.
디지털화폐는 누구나 일상적으로 친숙하게 사용하는 현금이
전자화(디지털화)되는 것이기 때문에,
일부의 사람만이 투자 목적으로 이용하는 비트코인 등의
가상화폐와는 차원이 다른 영향을 미칠 것이 틀림없다.

화폐의 변천은
기술 진보와 함께

블록체인(분산형 장부 기술)은 국제 송금이나 증권 결제 등 민간 금융 분야에서 활용할 것을 검토 중이며, 다양한 실증실험도 시행하고 있다. 이와 더불어 세계의 중앙은행에서도 블록체인 기술을 이용하기 위해 본격적으로 움직이기 시작했다. 바야흐로 '중앙은행이 직접 블록체인을 활용해 전자적인 화폐를 발행해야 하는가?'라는 물음이 정치적 과제가 되어가는 중이고, 몇몇 중앙은행에서는 이미 실증실험을 시작하는 등 적극적으로 대응하는 움직임을 보이고 있다. 이러한 분산형 장부 기술을 이용해 발행하는 전자적인 화폐는 기존의 전자화폐와 구별하기 위해 일반적으로 '디지털화폐(digital currency)'라고 부른다. 또한 중앙은행이 발행한다는 점을 강조해서 '중앙은행 디지털화폐(central bank digital currency)'라고 하거나, 은행권 등의 현금을

'법정통화'라고 하는 것에 맞춰 '법정 디지털통화'라고 부르는 경우도 있다.

비트코인 등의 가상화폐는 공적인 뒷받침이 없는 '사적 디지털화폐(private digital currency)'인데, 각국 중앙은행에서는 신용을 무기로 삼아 '공적 디지털화폐(public digital currency)'의 발행을 검토하고 있다. 사적 디지털화폐가 비트코인의 BTC처럼 독자적인 화폐 단위를 이용하는 데 비해, 공적 디지털화폐는 달러나 엔, 원 등 각국의 화폐 단위를 그대로 이용한다.

즉, 기존의 현금 및 예금과 중앙은행 디지털화폐는 1:1로 교환할 수 있다. 따라서 디지털화폐는 가상화폐처럼 환율이 급등락하는 문제가 발생하지 않는다.

그런데 왜 중앙은행은 블록체인 도입에 관해 이렇게까지 적극적으로 대응하는 것일까? 이를 고찰하려면 지금까지의 화폐 역사를 돌이켜보는 것이 가장 빠른 지름길이다.

기술에 의존하는 화폐의 역사

역사적으로 화폐의 소재는 다양했으며 단계적인 발전을 거듭해왔다. 초기에는 희소성 높은 자연의 소재인 조개껍질, 돌, 뼈 등이 '자연화폐'로 사용되었다. 농업과 축산업이 발달하자 상품으로서 가치가 있는 곡물, 가축, 직물 등이 '상품화폐'로서 교환 수단이 되었다. 그러나 이러한 상품화폐는 가지고 다니기 불편했기에 결국 소지하기 편리하고 내구성이 뛰어난 금이나 은 등의 '금속화폐'가 등장했다. 당초에 금속화폐는 사용할 때마다 무게를 쟀지만, 얼마 지나지 않아 그런 번잡함을 없애기 위해 금속을 일정한 모양과 품질로 만들고 일정한 무게를 새겨 보증한 '주조화폐'가 출현했다.

그 후 제지 기술과 인쇄 기법이 발달하자 이번에는 금속화폐 대신에 지폐가 화폐의 역할을 하기 시작했다. 이때의 지폐는 일정한 금화나 은화 등의 '본위화폐'와 교환할 수 있음을 보증하는 '태환지폐'였으며, 금화의 '대용품'으로서 유통되었다(여차하면 언제라도 금화와 교환할 수 있었다). 그리고 훗날 본위제도가 폐지되자 지폐는 금화와의 교환을 보증하지 않는 '불환지폐(fiat money)'가 되어 현재에 이르렀다.

디지털 기술의 응용은 역사의 필연

화폐는 역사의 각 시기마다 이용 가능한 최첨단 기술을 사용해 만들어졌다(도표 4-1). 최초로 주조화폐를 만들거나 최초로 지폐를 만들었을 때, 주조 기술과 제지 기술은 각각 당대의 최첨단 기술이었다. 각 시대마다 최첨단 기술을 사용한 이유는 화폐를 되도록이면 편리하게 만드는 동시에, 소수의 사람만 아는 기술을 사용함으로써 화폐의 위조를 방지하려는 의도도 있었다.

역사적으로 금속의 정련 기술과 가공 기술이 확립되면서 금속화폐

가 생겨났고, 이후 주조 기술과 정밀한 각인 기술이 발달하자 주조화
폐가 양산되었다. 그리고 제지 기술과 인쇄 기술이 발달함에 따라 현
재까지도 각국에서 대량의 지폐를 제조하고 있다. 또한 최근에는 지
폐의 재료로 종이가 아니라 폴리머(플라스틱의 일종)를 사용한 '폴리머
지폐*'도 발행하기 시작했다.

* 호주, 캐나다, 영국 등에서 폴리머 지폐가 발행된다.

게다가 중앙은행이 발행하는 것도 아니고 엄밀히 말하면 화폐라고도 할 수 없지만, 일본에서는 IC카드 기술이나 암호 기술 및 비접촉 통신 기술에 의해 스이카(Suica)나 파스모(PASMO) 등의 전자화폐도 현실화되었다.

각 시대에 이용 가능한 최첨단 기술을 사용해 화폐를 발행해온 역사의 법칙으로 생각해보면, 정보 통신 기술과 암호 기술이 발달한 오늘날에 중앙은행이 전자적인 형태로 화폐를 발행하려는 것은 매우 당연한 흐름이라고 할 수 있다. 그리고 블록체인(분산형 장부 기술)이라는 혁신까지 가세함으로써 각국의 중앙은행에서는 디지털화폐를 실현해보면 어떨지 진지하게 고민하기 시작했다.

중앙은행이 디지털화폐에 관심을 두기 시작한 것에 관해 비트코인의 출현으로 궁지에 몰린 중앙은행이 궁여지책으로 직접 가상화폐를 발행하려고 한다며 비꼬는 시각도 있다(언론에서는 그런 식으로 보도하는 게 분명히 흥미로울 것이다).

하지만 블록체인이라는 혁신에 따라 '물리적 화폐'를 대신해 '전자적 화폐'를 발행하는 것은 지극히 당연한 일이다. 화폐에 디지털 기술을 응용하는 것은 어떤 의미에서는 역사의 필연이다. 그리고 중앙은행이 디지털화폐를 발행함으로써 사회 전체의 '거래 비용(transaction cost)'이 줄어든다면, 그것은 국민 생활의 향상으로 이어질 테니 사회적으로도 바람직한 현상이다.

디지털화폐를 향한 중앙은행들의 경쟁 ─────────

중앙은행의 블록체인 도입(디지털화폐 발행)을 향한 추진 과정에는 중앙은행들 사이의 경쟁과 혁신의 보급 속도 등이 영향을 끼치는 것으로 보인다.

국가 간 중앙은행들 사이의 경쟁

중앙은행은 공적인 조직이므로 사회적으로 바람직한 것을 추구한다는 사명을 지닌다. 민간 기업은 치열한 경쟁 체제 안에서 다른 회사보다 한 걸음이라도 앞서 나가 커다란 이익을 올리려고 하지만, 중앙은행은 그런 민간 기업의 입장과 완전히 다르다.

그렇다고 해도 중앙은행이 경쟁과는 전혀 무관하다고 할 수 없다. 왜냐하면 한 국가의 중앙은행은 다른 국가의 중앙은행과 경쟁하기 때문이다. 가치가 안정된 화폐를 공급하고, 위조하기 어려운 화폐를 만들며, 금융 거래 비용을 낮추고, 금융 편리성이 높은 환경을 정비하는 중앙은행만이 자국에 커다란 사회적 이익을 가져다주고, 자국을 국제적인 금융 거래의 중심적 시장으로 키울 수 있는 것은 역사적으로도 자명한 사실이다.

현재 예상외로 많은 중앙은행들이 블록체인을 활용한 디지털화폐의 실증실험에 나서고 있다. 새로운 기술의 도입에 대해 지금까지 비교적 보수적인 자세를 취했던 중앙은행들이 블록체인이라는 신기술을 채용하기 위해 일제히 적극적으로 움직이기 시작했다는 것은 어떤 의미에서는 매우 놀라운 일이다. 그 배경에는 다른 나라에 뒤처지기 전에 블록체인을 활용할 수 있는 환경을 정비해두어야 한다는 중앙은행들 사이의 경쟁의식도 언뜻 엿보인다. 가장 전형적인 사례가 '세계 최초의 디지털화폐 발행국을 목표로 삼는다'고 공언하고 e-크로나(e-krona)의 발행 계획을 추진 중인 스웨덴중앙은행이다.

이러한 변혁과 경쟁을 뒷받침하는 시스템으로서 국제결제은행(BIS)의 존재를 지적해두고 싶다. BIS는 스위스 바젤에 위치한 국제기관이며, 중앙은행의 중앙은행이라고 불린다. 각국 중앙은행의 대표들은 BIS에 모여 중앙은행이 직면하는 여러 가지 과제에 관해 논의한다. 이 책의 주제와 밀접하게 관련된 결제 시스템에 관해서도 '지급 결제 및 시장 인프라 위원회(CPMI)'[*]라는 상설 위원회에서 논의한다. CPMI의 회원은 미국, 일본, 유럽 각국의 선진국과 중국, 인도, 브라질 등의 신흥국을 포함한 24개국의 중앙은행이다.[**] 각국 중앙은행에서 결제 시스템을 담당하는 국장급 인사들이 CPMI에 출석해서 정기적으로 정보를 교환한다. 이 자리는 각국 중앙은행으로부터 새로운 시도나 선진적 제도에 관해 듣는 기회이기도 하다. 어느 중앙은행에서 새로운 시도(예를 들면, 블록체인의 실증실험)를 하면, 그 정보가 CPMI의 회의장을 통해 각 중앙은행들 사이에서 곧바로 공유된다. 새로운 정보와 선진적 사례에 흥미를 느낀 중앙은행은 자신들도 자

---

[*] Committee on Payments and Market Infrastructures의 약자다.
[**] 우리나라의 중앙은행인 한국은행도 CPMI의 회원이다. 2009년에 가입했다._편집자 주

국에서 비슷한 시도를 해보고자 하는 의욕이 생겨난다.

　필자도 CPMI의 사무국에서 근무할 때 각국 중앙은행의 대표들과 의견 교환을 하는 자리에 출석한 적이 있다. 그런 자리에서는 물론 유익한 정보 교환도 많이 이루어지는데, 중앙은행끼리의 경쟁의식으로 불꽃이 튀기는 순간도 여러 번 목격했다. CPMI는 지금까지 몇몇 중요한 보고서를 발표하는 등의 계몽 활동을 하면서 세계적인 결제 시스템의 발전에 크게 기여할 뿐 아니라, 한편으로는 선진적 사례를 보급하는(어떤 의미에서는 경쟁의식을 부추기는) 역할도 담당한다.

혁신의 보급 속도와 중앙은행

또한 중앙은행도 혁신의 보급 패턴에 영향을 받는다. 사회학자 에버렛 로저스(Everett Rogers)는 혁신이 사회 속에서 차츰 전파되는 보급률을 살펴봤을 때 초기에는 보급 속도가 지지부진하지만 어느 시기부터 급속히 보급되다가 한계에 가까워지면 또다시 보급률이 둔화하는 패턴을 보인다고 했다. 혁신의 채용률(보급률)을 세로축에 두고 시간을 가로축에 두어 그래프를 그리면, 시간의 경과와 함께 '로지스틱 곡선(logistic curve)'이라는 S자 곡선이 나타난다.

　또한 1990년대와 2000년대에 걸쳐 즉시총액결제시스템(RTGS)[**]이 각국 중앙은행에 보급된 바 있다. RTGS의 채용 시기에 관해 174

---

* 상세한 사항은 『결제 시스템의 모든 것(決済システムのすべて)』의 4장 참조.
** Real-Time Gross Settlement의 약자인데 참가 은행의 결제 지시를 매 건마다 총액으로 즉시에 결제하는 결제 시스템을 가리킨다.

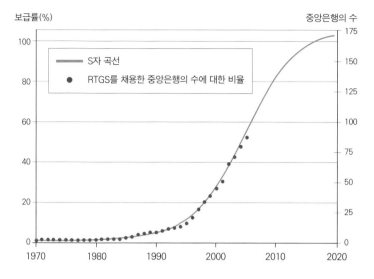

출처: Bech & Hobijn(2007)을 참고해 필자가 작성

곳의 전 세계 중앙은행을 대상으로 조사한 연구*에 따르면, 놀랍게도 RTGS의 보급률은 로저스의 S자 곡선과 꽤 정확히 맞아떨어진다(도표 4-2). 이는 각국의 중앙은행이 서로 개별적으로 RTGS라는 새로운 시스템을 도입했지만, 전체적인 결과로서는 혁신 보급 패턴의 일반 원칙에서 벗어나지 않는 형태로 도입이 진행되었음을 의미한다.

따라서 중앙은행의 디지털화폐 발행도 이러한 혁신의 보급 속도 패턴과 무관하지 않다고 여겨진다. 디지털화폐의 보급도 역시 S자 커브를 그리며 진행될 가능성이 높아 보인다.

———————

* Bech & Hobijn(2007).

2

15년 전부터 시작된
화폐의 전자화

사실 중앙은행이 전자적인 화폐의 발행을 추진한 것은 이번이 처음이 아니다. 비트코인이나 블록체인이 등장하면서 갑자기 디지털화폐가 화두에 올랐지만, 이미 1990년대와 2000년대에 몇몇 중앙은행이 '전자현금'의 실현을 목표로 프로젝트를 실시한 바 있다. 당시에는 기술적 한계 탓에 결과적으로는 모두 실패로 끝났다. 그런데 중앙은행의 DNA 안에는 최첨단 기술을 사용해 언젠가는 반드시 전자적인 화폐를 발행하고자 하는 소망이 지금껏 계승되고 있는 게 아닐까 싶다.

여기에서는 중앙은행이 화폐의 디지털화를 고민하게 된 계기인 민간의 전자화폐 도입 움직임에 관해 먼저 살펴본 후, 싱가포르와 일본에서 전자현금 발행을 위해 가동했던 프로젝트에 관해 설명하겠다. 당시에는 민간에서 발행하는 것을 '전자화폐'라고 불렀고, 중앙은행에서 발행하는 것을 '전자현금'이라고 불렀다. 후자는 '실물의 돈을 전자화한 것'이라는 뉘앙스를 품은 용어로 보인다.

e캐시와 몬덱스의 임팩트

중앙은행이 화폐의 전자화를 고민하게 된 계기는 민간의 전자화폐 도입 움직임이었다. 초기의 대표적인 전자화폐는 다음의 두 가지다.

첫째, 네트워크형 전자화폐인 'e캐시'다. e캐시는 네덜란드의 데이비드 차움(David Chaum)이 1990년에 디지캐시라는 기업을 설립해 연구, 개발한 전자화폐다. e캐시는 디지털 서명 등의 최첨단 암호 기술을 사용해 현금과 동일한 수준의 높은 익명성을 지니는 전자화폐를 실현하고자 했다.

둘째, 영국의 은행들이 공동으로 개발한 '몬덱스'다. 몬덱스는 IC카드에 가치 정보를 넣어 이용하는 IC카드형 전자화폐였다. 1995년부터 영국의 지방 도시 스윈던에서 대규모 실증실험을 벌였고, 그 모습을 살펴보기 위해 전 세계에서 스윈던을 방문하려는 사람들이 줄을 이어 화제가 되었다.

이와 같은 전자화폐는 발행 주체가 민간 기업인 이상, 하나의 지불 수단에 그친다. 하지만 발행 주체가 중앙은행이라면 이야기가 달라진다. 중앙은행이 전자적인 화폐를 발행한다면 법정통화를 전자화할 수 있는 셈이다. 이런 발상을 토대로 중앙은행에서 전자현금을 발행하려는 시도가 시작되었다.

1996년 발표된 국제결제은행의 「전자화폐에 관한 보고서」에도 '중앙은행이 직접 전자화폐를 발행하는 것도 선택지 가운데 하나'라고 쓰여 있다. 국제결제은행은 전 세계 중앙은행들의 모임이니, 새로운 기술을 이용해 새로운 화폐를 발행하고자 하는 중앙은행의 DNA가 그 시기에도 어엿이 작동했던 건지도 모른다.

세계 최초로 법정통화의 전자화를 추진한 싱가포르 _

이러한 민간의 움직임에 자극받아 세계 최초로 법정통화의 전자화에 나선 나라가 싱가포르였다. 2000년 12월 당시 싱가포르의 통화 발행 주체였던 싱가포르통화이사회(BCCS)*가 2008년까지 전자현금을 싱가포르 국내의 법화(legal tender)로 삼겠다는 놀라운 계획을 발표했다. '전자법화(electronic legal tender)'를 발행하겠다는 선언은 세계 최초였다. 이 프로젝트는 '싱가포르 전자법화 프로젝트(SELT)**'로 명명되었다. 그 후 BCCS가 2002년 10월에 중앙은행인 싱가포르통화감독청(MAS)으로 통합되었고, SELT는 MAS로 인계되었다.

BCCS는 전자법화를 도입하는 이유를 현금의 취급 비용(handling

---

* Board of Commissioners of Currency, Singapore의 약자다.
** Singapore Electronic Legal Tender의 약자다.

cost)을 줄이고 사회 전체의 결제 효율성을 높여 싱가포르를 '현금 없는 나라'로 만들기 위해서라고 설명했다. 싱가포르의 전자법화 프로젝트가 발표되었을 때 일본은행에 근무하던 필자는 솔직히 '아쉽다! 한발 늦었어!'라는 생각을 했다. 그런데 그런 심정을 직장 동료에게 털어놓아도 그다지 공감받지 못해 더욱 속상했다. 애초에 중앙은행이 전자법화를 발행한다는 발상 자체가 당시의 상식에서 너무나 동떨어졌기 때문이었던 것 같다. 그만큼 MAS에서 하려던 일은 기상천외했다.

그러나 결국 싱가포르의 전자법화 프로젝트는 실현되지 못한 채 끝났다. 그 이유는 아마도 값비싼 도입 비용 탓인 것으로 보인다. 이 프로젝트에서는 IC카드형 전자화폐를 상정하고 있었다. 법정통화로서 전자화폐에 강제 통용력을 부여하기 위해서는 '누구나, 언제나, 어디에서나' 법정 전자화폐로 결제할 수 있어야 한다. 따라서 나라 전체의 모든 가게와 장소에 결제 단말기를 설치할 필요가 있었다. 이 전자화폐의 발행 주체는 중앙은행이라 결제 단말기의 설치 비용도 당연히 중앙은행이 부담해야 했다. 그러나 면적이 불과 719.9제곱킬로미터인 자그마한 도시국가일지라도 전국 방방곡곡까지 무수한 결제 단말기를 일일이 설치하려면 막대한 비용이 필요하다. 최종적으로는 그 점이 커다란 걸림돌이 되어 프로젝트를 단념할 수밖에 없었던 듯하다. 당시의 기술로는 전자화폐를 발행하는 데 IC카드와 결제 단말기가 필수였다.

하지만 현재는 그러한 한계를 극복할 가능성이 있다. 사람들이 너나없이 죄다 스마트폰(즉, 소형 컴퓨터)을 가지고 다니며 인터넷에 자유롭게 접속하는 환경을 정비한 오늘날에는 전자적인 화폐를 보급하기 위한 사회적 인프라가 갖춰졌다.

스마트폰 전용 앱을 설치해 사용하는 형태로 디지털화폐를 도입하고 인터넷을 통해 결제할 수 있다면 특별한 결제 단말기가 필요 없다. 현금을 주고받는 것과 마찬가지로 기업이나 개인 사이에서 '전자화된 화폐'를 주고받는 것이 가능해질지도 모른다.

극비였던 일본은행의 전자현금 프로젝트 _____

금융연구소의 극비 프로젝트

사실 일본은행은 싱가포르보다 먼저 전자현금에 관한 연구를 진행 중이었다(필자가 속상해했던 이유가 여기에 있다). 1990년 무렵부터 일본은행의 금융연구소에서는 '전자현금 프로젝트'라는 기초적인 연구를 실시했다. 암호학자를 초빙해 암호 이론의 기초와, 앞서 언급한 e캐시의 구조를 공부하는 것부터 시작했다.

금융연구소는 금융에 사용되는 새로운 기술에 관해 연구하기 마련이다. 이 연구는 'e캐시의 기술과 최신 암호 기술을 활용하면 중앙은행이 전자화폐를 발행할 수 있지 않을까?'라는 기본적인 문제의식으로 접근했다. 화폐의 발행 형태가 각 시기의 최첨단 기술에 의존하는 이상, 새로운 기술이 나오면 그 기술을 이용한 화폐(전자화된 화폐)가

탄생하는 것이 당연하다. 그러한 생각이 전자현금 프로젝트를 이끌던 원동력이었다.

기초적인 연구이기는 하지만 당시 일본은행이 전자현금 발행을 위한 연구를 하고 있다는 소문이 퍼지면 큰 혼란이 일어날 수 있었기에 관계자에게는 엄격한 함구령이 내려졌다. 그로부터 벌써 25년 이상 지난 지금은 공소시효가 만료된 셈이라 생각해서 이 지면을 빌려 공개한다.

현금의 전자화에서 무엇이 어려운가

당시 젊은 연구원이었던 필자도 전자현금 프로젝트의 일원이었는데, 암호학자와의 첫 회의에서 '현금이란 무엇인가?', '화폐와 통화는 어떻게 다른가?', '돈과 화폐의 차이는 무엇인가?'와 같은 혹독한 질문 공세를 받았다. 자명하다고 생각했던 개념에 관한 근원적인 질문을 줄기차게 받다 보니 잠시 동안 어쩔 줄 몰라 쩔쩔맸던 기억이 바로 어제 일처럼 느껴진다.

검토를 해나가던 중에 몇 가지 문제점이 떠올랐다.

첫째, 현금이 지닌 '전전유통성'을 어떻게 확보하느냐 하는 문제다. 전전유통성이란 개인 등이 수취한 현금을 그대로 타인에게 지불 수단으로 전용할 수 있는 성질을 말한다. 현금이 발행 주체에게 돌아가지 않고 이용자에게서 이용자에게로 전전하며 유통되는 것을 가리킨다. 전전유통성은 현금이 지닌 중요한 특성 중 하나다.

중앙은행의 손을 떠난 전자현금이 차례차례 주인을 바꿔가며 유통되는 경우(도표 4-3의 ①)를 개방 루프(open loop) 구조라고 한다. 이때 도중에 위조나 중복 사용이 발생하더라도 발견하기가 매우 어렵다. 이를 막기 위해서는 개인 A에게서 개인 B에게 전자현금이 지불되는 시점에 중앙은행과 통신해서 진짜 전자현금인지 확인할 필요가 있다. 하지만 그러려면 거래할 때마다 실시간으로 통신해야만 하고 이처럼 막대한 거래 건수를 일일이 체크하다 보면 터무니없이 많은 비용이 든다. 전전유통성을 확보하는 동시에 안전성까지 챙기기 위해서는 모종의 체크 시스템이 꼭 필요하지만 막대한 비용이 든다는 것이 개방 루프 구조의 딜레마였다.

반면에 일본의 스이카나 파스모 등의 '전자화폐'에서는 이용자가 매장에서 전자화폐를 이용할 때마다 전자화폐를 발행 주체에게 돌려보내는 폐쇄 루프(closed loop) 구조를 취함으로써 이러한 딜레마를 피하고 안전성을 확보했다(도표 4-3의 ②). 전전유통성을 포기하는 대신에 안전성을 확보한 것이다. 전자현금 프로젝트에서는 현행 은행권의 기능을 그대로 유지하는 것을 전제로 했기 때문에 벽에 부딪힌 셈이다.

둘째, 현금이 지닌 '익명성'을 어디까지 확보해야 하느냐 하는 문제다. 익명성은 언제 어디서 사용했는지 알 수 없다는 현금의 특징이며, 현금의 가장 큰 장점이기도 하다. 그러므로 익명성을 없애면 저항이 발생할 것으로 예상되었다. 하지만 안전성 면에서 보면 오히려 익명성이 없어야만 유리하다. 그래서 평소에는 익명성을 확보해두다가 비상시에만 익명성을 없애는 시스템도 가능하지 않을까 하는 논

〔도표 4-3〕 개방 루프와 폐쇄 루프 구조

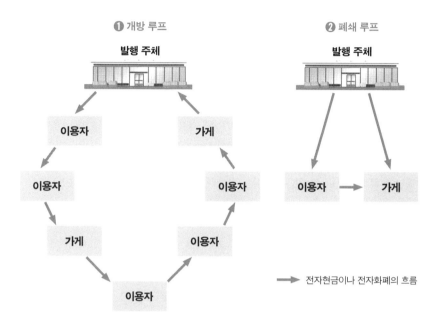

➊ 개방 루프

발행 주체

이용자

가게

이용자

이용자

가게

이용자

이용자

➋ 폐쇄 루프

발행 주체

이용자 → 가게

→ 전자현금이나 전자화폐의 흐름

의도 했는데, 그러한 시스템을 실현하려면 매우 수준 높고 복잡한 암호 기술이 필요하다는 사실을 알게 되었다.

그런데 이 익명성은 최근의 디지털화폐와 관련해서도 문제가 될 가능성이 높다. 다시 말해 중앙은행이 디지털화폐의 블록체인을 관리하면 온갖 거래 기록을 중앙은행이 보유하게 되기 때문에, 중앙은행이 모든 개인과 기업의 지불 이력 데이터를 볼 수 있는 입장에 선다. 이것을 과연 허용할 수 있을 것인가 하는 점이 문제다. 이에 관해서는 앞에서 말한 대로 비상시(돈세탁 조사, 범죄 수사 등)에만 익명성을 해제하는 '추적 가능한 시스템'을 만들어두고, 평상시에는 거래 내용을 볼 수 없게 해놓는 방책이 좋을 듯하다.

셋째, 가장 큰 걸림돌은 디지털 데이터가 복제 가능하다는 점이다. 게다가 데이터를 복제하는 데는 비용이 거의 들지 않는 데 비해, 일단 복제에 성공하면 무한히 복제를 반복할 수 있다. 이는 불법 다운로드되는 음악이나 해적판 영화 DVD를 보면 명백히 알 수 있다.

당시에는 IC카드형 전자화폐 기술을 전제로 생각했기에 IC카드나 메모리칩의 기밀 데이터를 읽는 것을 막는 기능인 탬퍼 레지스턴스(tamper resistance)나, 하드웨어와 소프트웨어의 서로 다른 여러 기술을 조합해서 방어 능력을 높이는 방법 등이 논의되었다. 하지만 부정한 기술도 진화해서 방어망을 요리조리 빠져나가므로 이런 방법이 100퍼센트 확실하다고는 할 수 없었다. 만에 하나 모든 방어망이 무력화되는 경우에는 무한정으로 복제될(무한한 위조 화폐가 만들어질) 가능성이 있다는 점에서 발행 주체의 입장에서는 상상만으로도 오싹하고 일종의 공포마저 느껴졌다.

이런 점에서 블록체인은 역시 획기적인 발명이라고 하지 않을 수 없다. 블록체인은 디지털 데이터를 다루면서도 거래를 블록마다 확정하고 앞 블록의 요소를 다음 블록에 포함함으로써 위조와 중복 사용을 방지해 복제의 우려를 말끔히 없앴다. 당시에 블록체인 기술이 있었다면 전자현금 프로젝트는 더욱 발전했을 것이다. 현재 각국의 중앙은행이 디지털화폐 발행을 위해 일제히 움직이기 시작한 이유는 블록체인의 획기적인 가치를 알아차렸기 때문일지도 모른다.

일본의 전자현금 실험 시스템 연구의 성과

필자가 금융연구소를 떠난 후에도 후임자들에 의해 이러한 기초 연구는 서서히 발전했다. 1996년 일본은행은 NTT와의 공동 연구로 「NTT-일본은행 금융연구소의 전자현금 실험 시스템」이라는 논문을 내놓으며 일단 성과를 보게 되었다.* 이것은 IC카드와 고도의 암호 기술을 사용해 현금과 동일한 전전유통성과 익명성을 확보하는 전자현금의 설계 방법과 실현 방식을 정리한, 꽤 기술적 색채가 짙은 논문이다.

한편 싱가포르의 전자법화 프로젝트가 시작되었을 즈음에 일본은행에서도 궁극적으로는 전자현금을 발행할 것이라는 발언이 흘러나온 바 있다. 당시에 일본은행은 아시아 각국의 중앙은행과 여러 채널을 통해 꽤 밀접하게 정보를 교환하고 있었기에, 일본은행의 이 같은 움직임이 싱가포르의 전자법화 프로젝트에 영향을 끼쳤을 가능성도 있다.

* 일본은행 금융연구소(1997).

3

실증실험에 나선
세계의 중앙은행

이처럼 각국의 중앙은행에 화폐의 전자화를 지향하는 DNA가 면면히 이어져 내려오는 가운데 블록체인 기술이 혜성같이 등장했다. 이 때문에 각국의 중앙은행이 디지털화폐를 현실화하기 위해 일제히 연구와 실증실험에 나서기 시작한 것이다.

현재 이러한 움직임을 선도하고 있는 곳은 영국의 잉글랜드은행, 캐나다중앙은행, 싱가포르통화감독청, 스웨덴중앙은행 등이며, 일본은행에서도 이미 기초 실험을 완료했다. 그 외에 미국의 연방준비제도, 네덜란드중앙은행, 중국인민은행, 홍콩금융관리국 등에서도 디지털화폐에 관해 검토하고 실험하려는 움직임이 보인다. 여기에서는 이와 같은 여러 중앙은행의 동향을 살펴보겠다.

중앙은행 디지털화폐를 지향하는 잉글랜드은행 ____

디지털화폐 팀의 발족

영국의 중앙은행인 잉글랜드은행(BOE)은 2015년 2월 'One Bank Research Agenda'를 공표했다. BOE가 앞으로 조사 연구를 진행해 나갈 주제와 방향성을 밝힌 것이다.

그중에 '중앙은행에 의한 디지털화폐의 발행 가능성'이라는 주제가 포함되었다. 이를 바탕으로 BOE에서는 '디지털화폐 팀'을 발족하고 연구를 진행하고 있다.

사적 디지털화폐와 중앙은행 디지털화폐

BOE는 비트코인 등의 가상화폐를 '사적 디지털화폐(private digital currency)'라고 부른다. 그리고 BOE는 사적 디지털화폐에 관해 가치가 급등락하는 등 시스템 자체에 결함이 있다고 지적하면서, 현시점에서는 아직 국가 전체의 통화나 금융의 안정성에 영향을 끼치는 존재가 아니라고 평가한다. 그런 인식하에 분산형 장부 기술을 활용한 '중앙은행 디지털화폐(Central Bank Digital Currency, CBDC)'가 선택지 중 하나가 되었다. 1990년대의 전자법화 구상이 전자화폐 기술을 토대로 했던 것에 비해, 중앙은행 디지털화폐는 블록체인 기술을 기반으로 한다. 또한 발행 주체가 중앙은행이라는 점에서 가상화폐와는 성격이 크게 다르다(도표 4-4).

2016년 7월 발표한 조사 논문*에 따르면, 중앙은행이 디지털화폐

〔도표 4-4〕 디지털화폐와 발행 주체

이용 기술 \ 발행 주체	중앙은행	민간 주체 (혹은 주체가 없음)
전자화폐 기술 (IC카드 기술, 비접촉 통신 기술 등)	전자현금 전자법화(ELT)*	전자화폐
블록체인 (분산형 장부 기술)	중앙은행 디지털화폐(CBDC)**	사적 디지털화폐 (가상화폐)

· Electric Legal Tender의 약자다.
·· Central Bank Digital Currency의 약자다.

를 GDP의 30퍼센트 규모로 발행한 경우에는 거래 비용의 저하 등으로 GDP 수준이 3퍼센트 상승한다는 계산이 나왔다. 이때 BOE는 앞으로의 디지털화폐 연구를 위한 상세한 연구 과제(research question)를 제시했는데 거시경제에 대한 경제적 임팩트, 금융 시스템에 대한 임팩트, 새로운 정책 도구로서의 이용 가능성, 기술적인 실현 방법 등이 포함되었다.

최근 BOE의 총재나 부총재는 연설하는 자리에서 중앙은행 디지털화폐의 가능성에 관해 자주 언급한다. 또한 BOE는 IT 기업과 공동으로 다양한 실증실험 프로젝트에 착수하는 등 활발한 움직임을 보이고 있다.

BOE는 본격적인 문제를 설정하고 조직 전체가 그 문제를 해결하는 데 몰두하는 등, 세계 여러 중앙은행 중에서도 가장 진지하고 체계적인 전략을 세우고 있는 것으로 보인다.

---

* BOE(2016).

CAD코인을 만든 캐나다중앙은행 _____

캐나다의 주요 은행이 참가한 재스퍼 프로젝트

잉글랜드은행의 움직임보다 한 걸음 더 나아가 디지털화폐를 시험 삼아 만들어보는 실증실험에까지 나선 곳이 캐나다중앙은행이다. 캐나다중앙은행은 캐나다의 결제 시스템 참가 은행으로 이루어진 '캐나다결제협회(Payment Canada)', R3, 캐나다의 6대 은행(R3의 회원 은행)과 공동으로 2016년 3월부터 6월에 걸쳐 '재스퍼 프로젝트(Project Jasper)'라는 실증실험을 시행했다.

이 프로젝트에서는 디지털 법정통화인 'CAD코인(CAD-Coin)'의 실증실험이 이루어졌다. CAD코인의 구조는 다음과 같다. 우선 참가 은행이 하루의 영업을 시작할 때 캐나다중앙은행에 있는 특별 계좌에 법정통화인 캐나다 달러를 입금하면, 캐나다중앙은행은 그것을 보증금으로 삼아 참가 은행의 분산형 장부에 동일한 금액의 코인을 발행한다(도표 4-5). 이는 예탁된 캐나다 달러의 금액과 동일한 액수의 디지털화폐가 발행되는 시스템이다.

코인을 발행받은 참가 은행은 분산형 장부의 환경에서 코인을 사용하고, 다른 은행과 자금 결제를 한다. 은행들 사이에서 CAD코인이 인수, 인도되다가 최종적으로 CAD코인을 받은 참가 은행은 하루의 영업이 끝나면 CAD코인을 캐나다중앙은행에 보내 법정통화로 바꾼다. 이때 캐나다중앙은행에서는 회수한 CAD코인을 파기하고, 그 참가 은행의 당좌예금에 동일한 금액을 입금한다. 즉, CAD코인은 법정

〔도표 4-5〕 CAD코인의 구조

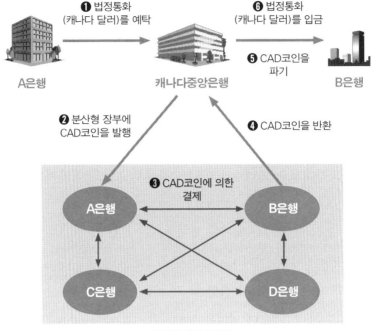

〔도표 4-5〕 CAD코인의 구조

분산형 장부의 환경

통화와 서로 교환할 수 있는 디지털화폐다. 당연히 CAD코인의 분산형 장부는 참가자가 한정된 폐쇄형 시스템으로 운영되며, 은행 사이의 결제에 이용된다.

재스퍼 프로젝트의 세부 실험 내용

재스퍼 프로젝트에서는 두 가지 과정으로 실증실험이 시행되었다. 우선 제1과정에서는 참가 은행 사이에서 결제가 한 건마다 CAD코인에 의해 실시간으로 이루어지는 즉시총액결제시스템(RTGS)을 실험했다. 또한 제2과정에서는 적은 금액으로 많은 결제를 진행하는 유동성 절약 기능*을 실현할 수 있는지 실험했다.

기술적으로는 제1과정에서 블록체인 기술로서 이더리움을 이용했고, 합의 형성 수법으로는 작업 증명(PoW)을 채용했다. 다만 결과적으로 폐쇄형 블록체인에서는 PoW가 불필요하다는 점을 확인할 수 있었다.

제2과정에서는 블록체인 기술로서 R3가 개발한 코르다를 이용했다. 합의 형성은 코르다의 검증 기능을 사용해 2단계 검증으로 수행했다. 1단계는 거래가 정당한지, 송금자에게 충분한 자금이 있는지를 민간의 참가 은행이 서로 검증하는 것이다. 2단계는 캐나다중앙은행이 특권적 기능을 가지고 모든 참가 은행의 장부에 접근해서 전체 거래를 검증하는 것이다. 유동성 절약 기능은 일정 시간마다 다자간 상계(multilateral netting)**로 실시되어, 현행 결제 시스템과 동일한 유동성 절약 효과를 얻을 수 있었다.

결제 리스크의 관점에서 PoW에 의한 거래 승인은 결제 완료성(finality)이 확정되지 않는 점이 문제임을 알 수 있었다. 한편 코르다

---

* A은행에서 B은행으로 지불할 일도 있고, 반대로 B은행에서 A은행으로 지불할 일도 있는 경우에, 양방향 지불을 동시에 수행하는 것을 말한다. 이로써 적은 유동성(양방향 지불의 차액분)에 의해 결제를 진행할 수 있다.

** 다자간 상계를 multilateral netting이라고 하며, 양자 간 상계는 bilateral netting이라고 한다.

로는 캐나다중앙은행이 특별한 입장에서 거래를 검증하고 최종적으로 확정할 수 있기 때문에, 결제 완료성이 확보되어 그러한 문제점이 해결되었다.

CAD코인은 금 예탁증서와 유사한 구조

재스퍼 프로젝트에서는 캐나다중앙은행이 캐나다 달러를 담보로 받아 그에 상당하는 금액의 CAD코인을 발행한다. 그리고 발행된 CAD코인은 은행 사이의 결제에 이용된다.

이는 은행권의 시초였던 금 예탁증서(goldsmith note)와 놀라울 만큼 유사하다. 17세기 영국에서는 금세공업자(goldsmith)가 금을 맡았다는 증거로 금 예탁증서를 상인에게 발행했고, 상인은 이를 상거래에서 지불 수단으로 사용했다. 금 예탁증서는 실존하는 금의 재고로 보증을 받았고 언제든지 동등한 금과 교환할 수 있었다. 이 때문에 금 예탁증서는 신용력이 높아 널리 유통되었고 훗날 은행권의 시초가 되었다.

CAD코인은 특별 계좌에 있는 캐나다 달러 예금으로 보증을 받아 발행되어 분산형 장부 환경에서 화폐로 유통된다. 발행자가 민간 업자와 중앙은행으로 서로 다르지만, 금세공업자가 맡아둔 금을 담보로 금 예탁증서를 발행했듯이 캐나다중앙은행도 맡아둔 캐나다 달러를 담보로 CAD코인을 발행한다는 점에서 거의 비슷한 구조라고 할 수 있다(도표 4-6). CAD코인은 블록체인(분산형 장부 기술)이라는 최신 기술을 사용하고는 있지만 사실 근본적인 구조는 은행권의 원조였던

〔도표 4-6〕 금 예탁증서와 CAD코인의 구조

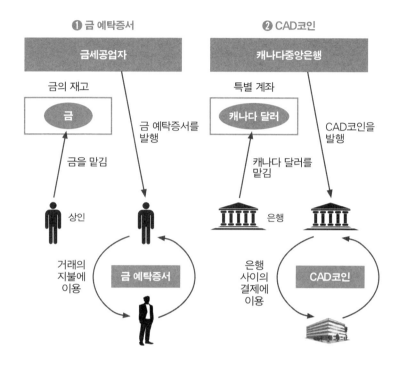

종이 증권과 거의 같다. 최첨단 기술을 사용한 디지털화폐의 구조가
예전에 은행권의 시초였던 구조와 비슷하다는 사실은 매우 흥미로운
발견이 아닐 수 없다.

결제용 코인으로서의 성격

CAD코인은 은행 사이(인터뱅크)의 거액 결제에 이용되는 것으로 상
정되었기에 '결제용 코인(settlement coin)'으로 칭해진다. 현재 각국

에서는 '자금 결제 시스템(캐나다의 LVTS, 일본의 일본은행넷 등)'으로 은행 사이의 자금 결제를 하는데, CAD코인은 그와 동일한 은행 간 결제의 역할을 담당할 것으로 전망된다. 따라서 CAD코인은 블록체인 기반의 결제 시스템이라고도 한다. 캐나다중앙은행은 이 실증실험이 분산형 장부 기술을 사용해 중앙은행 디지털화폐를 옮기고 실시간 결제에 이용할 수 있음을 보여주었다는 데 의의가 크다고 평가한다.

캐나다는 이미 효율적인 결제 시스템(LVTS)을 가지고 있으므로, 디지털화폐를 자금 결제에만 사용하려고 한다면 굳이 분산형 장부 기반으로 변경할 필요성은 그다지 높지 않아 보인다. 그러나 앞으로 주식이나 국채 등의 인수, 인도(결제)를 분산형 장부상에서 시행하기로 상정하는 경우에는 자금 결제와 증권 결제를 동일한 분산형 장부 플랫폼상에서 행할 필요가 있을 것이다(7장 참조). 즉, 이러한 결제용 코인은 분산형 장부 환경에서 자금과 증권의 동시 결제(DVP 결제)를 가능하게 하기 위한 수단으로서 커다란 의미를 지닌다.

실증실험이 착착 진행되는 싱가포르

아시아에서는 싱가포르통화감독청(MAS)이 디지털화폐에 가장 적극적으로 뛰어들고 있다. 2000년대 전반의 전자법화 프로젝트에서는 도중에 좌절했지만, 블록체인이 등장하자 다시금 활발한 움직임을 보이고 있다.

MAS가 주도하는 우빈 프로젝트

MAS는 2016년 11월 블록체인을 활용한 디지털화폐의 실증실험인 '우빈 프로젝트(Project Ubin)'를 시작하기로 선언하고, 2017년 3월까지 이 실험을 성공리에 마무리했다. 이 실험은 R3와, 싱가포르에 거점을 둔 은행(DBS은행, HSBC, 뱅크오브아메리카, JP모건 등)의 협력으로 이루어졌다. R3는 동일한 실증실험인 캐나다중앙은행의 CAD코인 프로젝트에도 참가한 바 있기 때문에, 그때의 경험과 지혜를 우빈 프로젝트에서도 활용할 수 있었을 것이다. 블록체인 기술로서는 이더리움이 이용되었다.

디지털화폐의 발행과 반환

참가 은행은 디지털화폐를 발행받기 위해 일단 MAS에 법정통화(싱가포르 달러, SGD)를 담보로 맡긴다. 구체적으로 MAS에 있는 자행 당좌예금 계좌에서 현금 담보 계좌로 일정액의 싱가포르 달러를 옮긴다. 이를 받은 MAS에서는 현금 담보와 동일한 금액의 '디지털SGD(싱가포르 달러 표시 디지털화폐)'를 그 은행에 발행한다(분산형 장부상의 계좌에 입금한다). 디지털SGD를 받은 은행에서는 분산형 장부 환경에서 그 디지털화폐를 사용해 다른 은행과 자유롭게 자금을 결제한다. 중앙은행이 100퍼센트의 현금 담보를 보유하므로 디지털SGD로 결제하는 데 신용 리스크는 전혀 없다. 디지털SGD의 이용을 끝낸 참가 은행은 디지털SGD를 MAS에 반환하고 법정통화로 되돌려 받는다(참가 은행의 분산형 장부 계좌에서 디지털SGD가 인출되고, 그와 동일한 금액이 MAS의 자행 당좌예금 계좌에 입금된다).

이처럼 법정통화를 담보로 발행받은 디지털화폐를 은행 사이의 결제에 사용하고 이후 사용을 끝낸 디지털화폐를 중앙은행에 반환해 법정통화로 되돌려 받는다는 점에서, 디지털SGD의 구조는 캐나다 중앙은행의 CAD코인과 거의 동일하다고 할 수 있다.

캐나다중앙은행의 재스퍼 프로젝트와의 차이

MAS의 실증실험은 기본적으로 캐나다중앙은행과 동일한 틀을 공유하지만 다음과 같은 세 가지 차이점이 있다.

첫째, 캐나다중앙은행은 참가 은행의 모든 현금 담보 계좌를 일괄적으로 관리하는 통합 계좌(omnibus account)인 데 비해, MAS는 개별 은행마다 계좌를 분별 관리한다.

둘째, 캐나다중앙은행은 참가 은행이 하루의 영업을 시작할 때와 마칠 때만 디지털화폐를 발행받거나 반환하도록 한정했지만, MAS는 하루 중 언제라도 디지털화폐를 발행받거나 반환할 수 있도록 설정했다. 또한 MAS는 참가 은행이 하루의 영업을 마치더라도 디지털SGD를 중앙은행에 꼭 반환하지 않고 하루를 넘겨 계속 보유할 수 있도록 했다. 하지만 디지털SGD의 잔액에는 이자가 붙지 않는다(이 점은 싱가포르 달러의 당좌예금도 마찬가지다).

셋째, 디지털SGD에 의한 결제는 싱가포르의 자금 결제 시스템(MEPS+)이 가동되는 시간 내로 한정되지 않고 24시간 내내 이루어진다. 이는 참가 은행(및 그 고객)의 입장에서 결제의 시간적 제약이 사라진다는 뜻이므로 편리성의 극적인 향상으로 이어진다. 따라서 캐나다 중앙은행의 방식이 주간 예탁증서* 모델(daily depository receipt model, daily DRM)이라면, MAS의 방식은 연속 예탁증서 모델(continuous depository receipt model, continuous DRM)이라고 할 수 있다. 이 둘은 비슷한 콘셉트의 실증실험이지만 MAS의 방식이 캐나다중앙은행의 방식에 비해 발전했음을 알 수 있다.

제2과정에서 이루어질 또 다른 시도

MAS는 디지털SGD에 의한 자금 결제가 분산형 장부 환경에서 증권 결제 중 자금과 증권의 동시 결제(DVP 결제)**, 외화와 싱가포르 달러의 동시 결제(PVP 결제)*** 등을 실현하는 데 유용하다고 본다.

MAS는 이어서 실행할 실증실험의 제2과정으로서 증권 결제에 관한 'DVP 프로젝트'와 국제 송금에 관한 'PVP 프로젝트'에 착수할 것을 공표했다. 이 가운데 증권 결제는 싱가포르거래소(SGX)와 협력해서 싱가포르 국채와 디지털화폐의 동시 결제(DVP 결제)를 시도할 것이다.

---

* 예탁증서는 한 국가의 기업 주식을 해외에서도 유통시키는 것을 목적으로, 그 주식을 은행이나 신탁은행에 예탁하고 그 대가로 해외에서 발행받는 증권이다.
** DVP는 Delivery Versus Payment의 약자다. 증권의 인도(delivery)와 대금의 지불(payment)에 관해 서로 조건을 달아두고, 한쪽이 이행되지 않는 이상 다른 한쪽도 이행되지 않도록 하는 시스템이다.
*** PVP는 Payment Versus Payment의 약자다. 화폐 A와 화폐 B를 거래하는 경우에 두 화폐의 지불을 동시에 이행하도록 하는 시스템이다.

또한 은행이 디지털SGD를 손쉽게 입수하도록 하기 위해 은행들이 서로 디지털SGD를 빌려주거나 빌릴 수 있는 디지털화폐 시장(일종의 금융 시장)을 창설하는 것도 검토 중이다. 실증실험은 비교적 단순한 단계에서부터 서서히 복잡한 단계로 진행되고 있는 듯하다. 현시점에서는 디지털화폐 분야에서 싱가포르가 아시아에서 가장 앞서가고 있다고 할 수 있다.

디지털화폐 발행국을 목표로 하는 스웨덴 ──────

e-크로나의 발행 계획

세계에서 가장 오래된 중앙은행이 어디인지 아는가? 영국의 잉글랜드은행이라고 생각하는 사람이 많겠지만 사실은 1668년에 설립된 스웨덴의 릭스방크(Riksbank)가 가장 오래되었다(잉글랜드은행은 릭스방크보다 26년 늦은 1694년에 설립되었다).

이처럼 세계에서 가장 오래된 중앙은행인 스웨덴중앙은행(릭스방크)은 2016년 11월 디지털화폐인 e-크로나(e-krona) 발행 계획을 발표했다. 또한 프로젝트를 가동하고 2년 이내에 e-크로나를 본격적으로 발행해서 세계 최초의 디지털화폐 발행국이 되겠다고 공언했다.

스웨덴은 현금 없는 사회(cashless society)로 이행하는 중이어서 지금도 현금 이용이 극단적으로 적다. 2015년 말 기준으로 명목GDP에 대한 현금 유통액의 비율을 살펴보면, 일본이 19.4퍼센트, 유로권이 10.6퍼센트, 미국이 7.9퍼센트인 데 비해, 스웨덴은 겨우 1.7퍼센트다. 사람들이 현금을 사용하지 않는 상황에 맞춰 스웨덴 민간은행의 수많은 지점은 현금을 취급하지 않아서 은행 창구에서도 현금 거래를 할 수 없다(현금을 통장에 넣는 것조차 불가능하다). 또한 현금자동입출금기(ATM)의 설치 대수도 큰 폭으로 줄어서 ATM이 한 대도 없는 지점마저 존재한다(스웨덴의 은행 지점에서는 도대체 어떤 업무를 하는지 궁금할 지경이다).

스웨덴중앙은행은 e-크로나 발행 계획을 추진하는 이유로 국민이 현금을 사용하지 않는 상황에 대해 위기감을 느껴 중앙은행으로서 가만히 있을 수는 없다고 설명했다. 대체 어떤 위기감을 느끼는지는 자세히 밝히지 않았지만, 중앙은행에서 오랫동안 근무한 필자의 견해로는 아마도 시뇨리지(seigniorage, 화폐 발행 이익)의 감소에 대한 위기의식이 아닐까 싶다.

시뇨리지란 중앙은행이 화폐를 발행함으로써 얻는 이익을 말한다. 이 이익이 발생하는 이유는 중앙은행의 대차대조표를 떠올려보면 이해할 수 있다. 발행된 은행권은 중앙은행의 대차대조표에서 부채 항목에 계상되지만, 부채라고는 해도 은행권에는 이자가 붙지 않는다. 또한 은행권보다 더욱 비중이 큰, 민간은행에서 맡긴 당좌예금도 동일한 부채 항목에 계상되는데, 여기에도 대부분의 경우 이자가 붙지 않는다. 반면에 자산 항목에서 대부분의 비율을 차지하는 국채와 대부금에는 이자가 붙는다.

이처럼 중앙은행의 대차대조표는 무이자로 조달한 자금으로 이자가 붙는 자산을 보유하는 구조다. 따라서 매년 상당한 이익이 나오는 비즈니스 모델로 이루어졌다고 할 수 있다. 즉, 중앙은행은 은행권을 많이 발행해서 대차대조표를 키울수록 이익이 많아지는 시스템인 것이다.*

그러나 은행권의 발행액이 감소하면 그 액수에 맞게 보유하는 자산(이자가 붙는 국채 등)의 규모도 축소되어 중앙은행의 수입은 갈수록 악화일로를 걷게 된다. 시뇨리지는 독점적인 화폐 발행권을 허용한 결과로 발생하므로 중앙은행의 업무 수행에 필요한 경비(인건비, 시스템 경비 등)를 뺀 나머지는 전액 국고로 귀속된다. 하지만 중앙은행의 대차대조표가 축소되고 화폐 발행 이익이 극단적으로 줄어들면 시뇨리지만으로는 중앙은행의 운영 경비를 충당하지 못하는 사태가 벌어질 수 있다. 스웨덴중앙은행에서 말하는 위기감은 아마도 이것을 의미할 것이다.

발행 주체가 중앙은행이라면 물리적인 현금이든 디지털화폐든, 그에 대한 화폐 발행 이익을 얻을 수 있다는 점은 동일하다. 그리고 디지털화폐의 사용이 편리해지면 단순히 물리적인 현금에서 디지털화폐로 옮겨가는 것에 그치지 않고, 중앙은행의 화폐 발행량(현금+디지털화폐)이 전체적으로 늘어날 터이므로 그만큼 화폐 발행 이익이 증

---

* 은행권에 적힌 액면가와 은행권을 제작하는 비용의 차액이 화폐 발행 이익이 된다는 속설이 있지만 이는 틀린 이야기다. 예를 들어 일본은행은 1만 엔짜리 지폐 한 장을 20엔의 비용으로 제작해서 발행하기 때문에 9,980엔을 번다고 설명하는 경우가 있는데 이는 완전한 오해다.

가한다. 디지털화폐의 발행을 서두르는 스웨덴중앙은행의 속셈이 여기에 있다고 필자는 생각한다(현금 이용률이 가장 낮은 국가의 중앙은행이 세계 최초로 디지털화폐를 발행하려는 것은 어떤 의미에서는 이치에 맞다).

게다가 스웨덴중앙은행은 e-크로나는 현금을 보완하는 것이지 현금을 완전히 대체하는 것이 아니라면서 e-크로나를 발행한 뒤에도 크로나 은행권의 발행 자체는 계속할 의향을 내비쳤다.

디지털화폐에 시들한 스웨덴 국민

그런데 이 계획을 발표한 직후인 2016년 12월 시행한 설문 조사에서는 현금과 더불어 e-크로나를 원한다고 대답한 스웨덴 국민이 10퍼센트 미만에 그친다는 결과가 나왔다.* 스웨덴에서는 신용카드와 직불카드를 커피값이나 전철값 같은 소액 결제에도 폭넓게 사용하는데다, 휴대전화 번호만 알면 스마트폰으로 개인 간 송금을 간단히 할 수 있는 '스위시(Swish)'라는 서비스가 보급되어 있어서, 이미 현금 없는 사회화가 상당히 진행된 상태다. 그래서 추가적으로 새로운 전자적 결제 수단을 원하는 국민의 욕구는 그다지 높지 않은 듯하다. 중앙은행이 디지털화폐 발행을 위해 공격적이고 전향적인 자세를 보이는 한편, 국민은 싸늘한 반응을 보이고 있다. 중앙은행과 국민의 태도가 서로 엇갈리는 형국이다.

---

* 이 조사에서 설문 대상자의 3분의 2가 비트코인을 안다고 했으나, 실제로 사용해봤다고 한 사람은 2퍼센트에 불과했다.

스웨덴은 아직 초보적인 실증실험에도 착수하지 못한 상태다. 기술적인 검토를 충분히 하기도 전에 세계 최초의 디지털화폐 발행국이 되겠다는 슬로건만 서둘러 내세운 듯한 느낌이 든다. 디지털화폐를 도입할지 말지 결단을 내리겠다고 밝힌 시한인 2018년 말까지 얼마나 기술적인 검토를 진행할 수 있을지 주목된다. 이와 동시에 그때까지 어떻게 디지털화폐에 대한 국민의 지지를 이끌어낼지도 커다란 과제다.

그 밖의 중앙은행도 속속 실증실험에 나서다 _____

지금까지 영국, 캐나다, 싱가포르, 스웨덴의 디지털화폐에 관한 동향을 살펴보았다. 그런데 이 나라들 외의 중앙은행도 여러 가지 움직임을 보이고 있어서 간단히 살펴보겠다.

Fed코인이 주목받는 미국

미국의 중앙은행인 Fed(연방준비제도)에서는 구체적인 실증 연구의 움직임을 보이지 않지만, 디지털화폐를 발행해서 'Fed코인(Fedcoin)'이라는 이름을 붙이려는 구상이 이따금씩 화제에 오른다. Fed코인은 현금 대신에 소액 결제(retail payment)에 사용하는 것을 상정한다. Fed코인의 가치는 미국 달러와 동등하고 Fed가 그 생성과 파기를 통제한다. 사람들은 필요에 따라 현금이나 은행예금을 Fed코인으로 변환할 수 있고, Fed코인은 유통 현금과 중앙은행 당좌예금에 이어 세 번째 본원통화(monetary base)*의 구성 요소가 된다.

Fed코인은 비트코인과 달리 가치가 안정적이고, 누구든지 스마트폰만 있으면 언제 어디서나 저렴하고 신속하게 대금을 지불 가능하다는 장점이 있다. 또한 은행권이 Fed코인으로 대체되면 Fed의 입장에서는 현금 공급 비용이 줄어들어서 납세자에게도 이득이다. 캐나다중앙은행의 CAD코인이 은행의 거액 결제용인 데 비해 Fed코인은 기업이나 개인 간의 소액 결제용으로 상정했다는 점에서 크게 다르다.

이 구상은 원래 어느 블로거의 제안으로 시작되었다. 그러다 2015년 세인트루이스 연방준비은행의 부총재 데이비드 안돌파토(David Andolfatto)가 Fed코인을 지지하는 견해를 공표하면서 갑자기 주목을 받게 되었다. 안돌파토 부총재는 '공적인 디지털화폐를 발행하면 기업과 소비자는 전 세계 어디서나 비트코인 같은 저렴한 비용으로 누구하고든 실시간 결제를 할 수 있게 된다. 반면에 중앙은행이 디지털화폐를 발행함으로써 야기되는 단점은 특별히 찾아보기 어렵다'라면서 Fed코인 구상을 높이 평가했다. 이는 Fed의 공식 견해는 아니지만 적어도 Fed가 이 기술에 흥미를 지니고 있다는 사실을 보여주는 발언이라고 할 수 있다.

---

* 중앙은행이 세상에 직접적으로 공급하는 돈이다.

일본은행에서도 실증 연구를 실시

2016년 일본은행도 블록체인을 사용한 기초 실험을 실시했다. '은행 간 자금 결제 시스템의 유사 환경'을 이용해 분산형 장부의 유효성과 과제에 관해 평가하는 것을 목적으로 한 실험이었다. 이는 네트워크에서 분리된 단말기상에 가상 환경을 조성해 실시했다. 블록체인으로는 리눅스의 하이퍼레저 패브릭을 사용했다. 합의 알고리즘으로는 폐쇄형 블록체인에서 흔히 이용되는 실용적 비잔티움 장애 허용(PBFT)을 채택하고, 인증국 한 곳과 검증 노드(거래처인 금융기관) 4~16개의 소규모로 설정했다(참고로 일본은행의 거래처는 500곳 이상이다). 이로써 참가 은행 수와 거래 건수의 증가가 처리 성능에 미치는 영향, 적은 유동성으로 결제를 진행하는 유동성 절약 기능을 스마트 계약(smart contract)으로 장착할 수 있을지 등을 확인했다.

결과적으로 검증 노드 수(참가 은행 수)가 증가함에 따라 '레이턴시(latency, 결제 지시가 전송된 후 거래 처리가 이루어지기까지의 시간)'가 확대되는 점을 관찰했다. 또한 거래 건수가 늘어날수록 이러한 처리 시간의 증대(지연)가 현저해진다는 사실도 확인했다. 수많은 참가자와 다수의 거래량이 얽히는 실제 운용 상황에서는 원활한 거래 처리가 이루어지지 않을 가능성을 시사하는 대목이다. 한편 유동성 절약 기능 등 복잡한 업무 처리 능력은 스마트 계약을 사용해 실현할 수 있음을 알게 되었다.

캐나다중앙은행이나 MAS와는 달리 법정통화와의 연계는 실험 대상 범위에 포함되지 않았지만, 기본적으로 분산형 장부 기술을 은행

간 자금 결제 시스템으로 이용하려는 방향성은 크게 다르지 않아 보인다. 다만 단말기 한 대로 진행한 소규모 실험이었기에 앞으로는 더 규모를 확대한 본격적인 실증실험이 필요하다고 생각한다.

아울러 일본은행은 2016년부터 ECB(유럽중앙은행)와 함께 블록체인에 관한 공동 조사인 '스텔라 프로젝트(Stella Project)'를 가동하고, 2017년 9월 제1단계 실증실험 결과를 발표했다. 이에 따르면 일본은행과 ECB가 운영하는 현행 결제 시스템(일본은행넷과 TARGET2)과 거의 동등한 결제 처리를 실현할 수 있었다.

DNB코인을 만든 네덜란드중앙은행

네덜란드중앙은행(DNB)은 2015년과 2016년에 걸쳐 비트코인의 소프트웨어를 토대로 'DNB코인(DNBcoin)'이라는 이름의 실험용 가상화폐를 만들었다. 뿐만 아니라 이 가상화폐를 바탕으로 비트코인을 모방한 시스템이 실제로 작동할지 확인하는 몇 가지 실험을 진행 중이다.

위안화의 디지털화를 추진하는 중국인민은행

중국인민은행은 위안화를 디지털화폐로 만든 '차이나코인(가칭)'의 초기 단계 실험을 2016년 12월에 완료했다고 공표했다. 실험에는 중국공상은행, 중국은행 등의 국유 은행도 참가했다. 또한 다음 단계로서 민간은행과 협력해 테스트용 거래 데이터를 활용한 실증실험에 나서면서 '중국인민은행이 다른 나라의 중앙은행들보다 앞서 나가고 있는 것은 아닌가"* 하는 추측도 나왔다. 그 외에 중국인민은행은 2017년 6월 '디지털화폐 연구소'를 베이징에 개설하는 등 체제를 정비하고 있다.

차이나코인은 중앙은행이 먼저 민간은행에 대해 발행하고, 이어서 민간은행이 기업이나 개인에 대해 발행하는 2단계 형태를 취하고 있다(5장 참조).

세 군데 발권은행과 공동 실험을 진행하는 홍콩금융관리국

홍콩의 중앙은행인 홍콩금융관리국(HKMA)도 2017년 3월 중앙은행 발행 디지털화폐에 관한 실증 연구를 시작했다. 이는 홍콩의 세 군데 발권은행인 홍콩상하이은행(HSBC), 스탠다드차타드은행, 중국은행, 홍콩의 결제 시스템을 운영하는 HKICL(Hong Kong Interbank Clearing Limited) 및 R3가 공동으로 실시하는 연구다. 이는 홍콩 내의 은행 간 결제, 기업 간 결제, 증권의 DVP 결제 등에 대한 이용 가능성을 모색하는 것을 목적으로 한 실증실험의 제1과정이다.

러시아중앙은행은 이더리움을 기반으로

러시아중앙은행은 블록체인 기술인 이더리움을 기반으로 삼은 은행 간 거래 블록체인인 '매스터체인(MasterChain)'의 프로토타입을 2016

---

* 'China's Central Bank is Already Testing Its Own National Digital Currency', CryptoCoinsNews, 2017.6.24.

년 개발하고 테스트했다. 예비 시험에는 러시아의 대형 은행이 참가했다.

　지금까지 살펴본 것처럼 수많은 중앙은행들이 블록체인(분산형 장부 기술)을 활용하기 위해 일제히 실증실험에 나서고 있다. 이는 실로 놀라운 일이다. 최첨단 기술로 화폐를 발행하려는 것이 중앙은행의 DNA라고 할지언정, 일반적으로 중앙은행의 조직 풍토는 아주 보수적이어서 새로운 기술을 채용하는 데 매우 신중한 편이다. 그런 만큼 중앙은행들이 갑자기 경쟁하듯 적극적인 움직임을 보이는 것은 블록체인이 얼마나 혁명적인 기술이고, 얼마나 높은 실용성과 신뢰성을 품고 있는 기술인지 방증한다.

　이처럼 수많은 중앙은행들이 연구하는 기술들 가운데 어떤 것이 앞으로 치고 나와 주목을 받을지, 혹은 어느 중앙은행이 가장 앞서 실용화에 성공할지, 또한 그 경우에 어떤 시스템으로 완성될지, 세계적인 화폐 트렌드에 얼마나 커다란 영향을 끼칠지를 예상해보는 것만으로도 흥미진진하다.

5장

중앙은행에서
디지털화폐를 발행하는 날

After Bitcoin

많은 중앙은행이 직접 디지털화폐를
발행하기 위해 블록체인(분산형 장부 기술)을 사용한
실증실험에 적극적으로 나서고 있다.
첫 가상화폐인 비트코인은 애초에
어느 국가의 당국(정부 혹은 중앙은행)으로부터도 통제받지 않는
화폐를 만들고자 했던 자유지상주의(libertarianism)의 이데올로기를
바탕으로 개발된 것이었다.
그런데 중앙은행이 비트코인용으로 개발된 블록체인을 활용해
디지털화폐를 발행하려고 한다니, 참으로 아이러니한 일이 아닐 수 없다.
이번 장에서는 만약 중앙은행이 실제로
디지털화폐를 발행한다면 그것은 어떤 모습이 될 것이고
세상에 어떤 영향을 끼칠지에 관해,
4장에서 설명한 중앙은행의 실증실험을 되짚어보며
고찰하고자 한다.

1

두 종류의
중앙은행화폐

이 문제를 논의하기 위한 출발점으로서 우선 화폐를 공급하는 중앙
은행의 역할에 관해 생각해보겠다. 중앙은행에서는 화폐 공급 임무
를 수행하기 위해 대차대조표상 부채를 발생시키고 이를 화폐로서
시중에 공급한다. 이처럼 중앙은행의 부채로서 발행하는 화폐를 '중
앙은행화폐(central bank money)'라고 한다. 이에 비해 민간은행의 예
금(즉, 부채)은 '상업은행화폐(commercial bank money)'라고 한다.

　중앙은행화폐와 상업은행화폐는 각국에서 공존하며 서로 보완하
는 형태로 각각의 역할을 담당한다. 그런데 중앙은행화폐는 파탄의
위험이 없고, 안정성이 높으며, 인수·인도에 의해 결제가 최종적으
로 완료되는 결제 완료성을 지녔다는 특징이 있다. 이 때문에 중앙
은행화폐는 결제 시스템에서 중심적인 역할을 하며, 특히 리스크가

높은 거액 자금 결제에는 중앙은행화폐를 이용하는 편이 좋다.

　중앙은행화폐의 형태로는 '은행권(현금)'과 '중앙은행 당좌예금' 등 두 종류가 있다. 이 가운데 은행권은 기업이나 개인 등이 보유해 주로 대면형 소액 결제(retail payment)에 널리 이용한다. 이에 비해 중앙은행 당좌예금은 원칙적으로 금융기관만 계좌를 보유할 수 있고, 은행 간 자금 결제 등 거액 결제(wholesale payment)에 이용한다.

　따라서 중앙은행이 발행하는 디지털화폐의 대상은 이 두 종류의 중앙은행화폐다. 다시 말해 중앙은행이 디지털화폐를 발행한다는 것은 은행권과 중앙은행 당좌예금 중 어느 한쪽(혹은 양쪽 모두)의 기능을 블록체인(분산형 장부 기술)으로 디지털화해 제공한다는 뜻이다. 우선 두 종류의 중앙은행화폐가 각각 어떤 성격을 갖고 있는지 살펴보자.

분산형인 은행권

은행권은 종이라는 물리적 매체에 필요한 모든 정보를 넣고 위조 방지 기술로 보안 처리를 한 화폐며 물리적인 이전으로 유통된다. 개인이나 기업은 각각 필요에 따라 은행권을 개별적으로 주고받고, 중앙은행에서는 개인이나 기업의 은행권 보유 잔액을 일괄적으로 관리하지 않는다. 즉, 은행권은 완전한 '분산형 시스템'이라고 할 수 있다.

　한편 분산형 장부 기술은 분산형 장부에 의해 참가자의 거래와 잔액을 관리할 수 있는 시스템이다. 그 이름 그대로 분산형 시스템이라고 할 수 있다. 따라서 분산형 장부 기술을 사용해 은행권을 디지털 화폐로 만드는 것은 '물리적인 분산형 시스템'을 '디지털 분산형 시스템'으로 이행시키는 일이며, 친화성이 높다고 할 수 있다.

중앙집권형인 중앙은행 당좌예금

또 다른 중앙은행화폐인 중앙은행 당좌예금은 민간은행이 중앙은행에 맡겨놓은 예금이다. 이 당좌예금은 은행이 다른 은행과 거액의 자금 결제를 할 때 결제 자산(settlement asset)으로 이용한다.

중앙은행 당좌예금은 중앙은행이 각 은행의 보유 자금 잔액을 전자적인 장부로 일괄 관리한다는 측면에서 이미 전자적인 중앙은행화폐라고도 할 수 있다. 또한 중앙은행이 모든 참가 은행의 계좌 잔액을 집중적으로 관리하기 때문에 중앙집권형 중앙은행화폐로도 볼 수 있다.

각국은 Fedwire(미국), TARGET2(유로권), CHAPS(영국), 일본은행넷(일본) 등 중앙은행이 운영하는 자금 결제 시스템이 있으며 이를 통해 중앙은행 당좌예금을 활용해서 은행끼리의 결제를 시행한다. 예를 들어 일본의 일본은행넷은 각 은행의 당좌예금 사이에서 자금을 서로 이체함으로써 은행 사이의 결제를 완료한다. 그리고 개인이나 기업 사이에서의 결제가 이루어지는 전국 은행 데이터통신 시스템은 참가 은행 사이에서 수납과 지불의 차액(net position)을 산출하고 하루가 끝나면 그 수치를 일본은행에 통지한다. 그러면 일본은행에서는 통지받은 대로 각 은행의 당좌예금 사이에서 자금을 수불하고 최종적인 결제를 시행한다.

결제 자산으로서의 중앙은행 당좌예금은 이처럼 자금 결제에 중요한 역할을 하는데, 그 외 주식이나 채권 등을 결제하는 '증권 결제'에서도 마찬가지다. 증권 결제는 증권 양도와 자금 양도로 성립한다. 그 가운데 증권 양도는 증권 결제 기관에서 이루어지며, 자금 양도는 일반적으로 중앙은행에서 중앙은행 당좌예금의 수불에 의해 이루어진다. 일본에서도 주식이나 회사채의 경우에 증권 양도는 증권보관이체기구에서 결제되고, 자금 양도는 일본은행 당좌예금에서 결제된다.

중앙은행 당좌예금은 결제 기관인 중앙은행이 컴퓨터로 중앙형 장부를 관리하고 각 은행의 잔액을 기록하며 운영하는 전형적인 중앙집권형 시스템이다. 블록체인에 의한 분산형 시스템과는 정반대에 위치하는 것이다. 현행 자금 결제 시스템(중앙집권형 시스템)은 대량의 결제를 실시간으로 처리할 수 있어 이미 상당히 효율적이라고 할 수 있다. 다만 이를 분산형 시스템으로 바꿈으로써 시스템 비용을 절감하고 거래 비용을 줄일 수 있다면, 중앙은행 당좌예금을 분산형 장부로 바꾸는 것도 결코 나쁘지만은 않을 것이다.

지금까지 두 가지 중앙은행화폐의 성격을 훑어보았다. 이제부터는 중앙은행의 디지털화폐 발행 패턴에 관해 알아보겠다. 중앙은행이 현재 기술로 이른바 '디지털 중앙은행화폐'를 발행한다면 어떻게 될지를 가상 체험한다고 생각하며 읽어주기 바란다.

2

은행권을 전자화하는
현금형 디지털화폐

먼저 중앙은행이 은행권을 전자화하는 형태로 디지털화폐를 발행하는 아이디어에 관해 살펴보겠다. 여기에서는 이를 '현금형 디지털화폐'라고 부르겠다. 은행권은 개인이나 기업이 널리 사용하는 것이므로 가장 친숙하고 머릿속에 떠올리기 쉽다. 또한 실현되었을 때 사회적인 파장이 가장 클 것으로 보인다.

국민에게 직접 발행하는 현금형 디지털화폐 _____

중앙은행은 블록체인(분산형 장부 기술)을 활용한 현금형 디지털화폐를 국민에게 직접 발행하고, 국민은 네트워크를 통해 이를 서로 주고받으며 대금을 지불하게 된다(도표 5-1의 ②). 이른바 중앙은행은 공적인 가상화폐를 발행하고 또한 발행 주체로서 공적인 블록체인 시스템을 운영하는 것이다. 유저는 컴퓨터와 스마트폰을 사용해 서로 디지털화폐를 주고받는다. 이때 화폐 단위는 법정통화 단위와 같고 현금과 등가로 교환된다.

중앙은행이 발행하는 디지털화폐를 비트코인 등의 가상화폐와 비

〔도표 5-1〕 은행권과 현금형 디지털화폐의 유통 경로

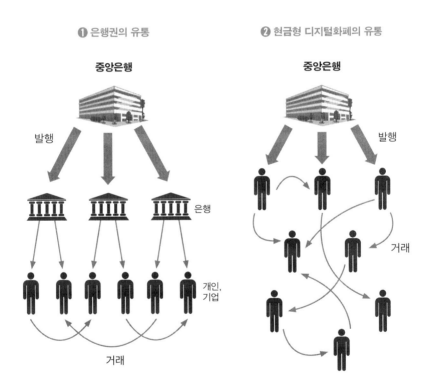

❶ 은행권의 유통

❷ 현금형 디지털화폐의 유통

교하면 다음과 같은 점에서 다르다(도표 5-2).

- 중앙은행이 발행 주체가 된다(가상화폐에는 발행 주체가 없다).
- 전체 시스템 운영도 중앙은행이 한다(가상화폐에는 중앙의 운영 주체가 없다).
- 화폐 단위는 국내의 법정통화 단위와 같다(가상화폐에서는 BTC 등의 독자적인 화폐 단위를 사용한다).
- 은행권과 동일한 차원에서 발행하기 때문에 은행권과 동일한 강제통용력을 지닌다(가상화폐에는 강제통용력이 없다).

중앙은행이 발행 주체가 되어 비트코인 같은 가상화폐를 발행하는 셈이다. 중앙은행이 대차대조표상 부채로 잡아 디지털화폐를 발행하고 각 이용자의 장부를 관리하므로, 마치 국민 개개인이 중앙은행에 계좌를 개설한 것과 같다. 그리고 중앙은행 디지털화폐는 국민 누구나 사용할 수 있도록 해야 하기 때문에, 누구든지 접근 가능한 공개형 블록체인을 기반으로 할 필요가 있다.

한편, 현금형 디지털화폐에서 어디까지 익명성을 인정할지는 까다로운 문제다. 현금과 동등한 기능을 실현하려고 한다면 높은 익명성이 필요하다. 그러나 비트코인이 불법 사이트 실크로드에서 이용되었듯이 높은 익명성은 디지털화폐가 불법 약물 매매나 탈세 등의 부정한 거래에 사용될 가능성을 높인다. 이는 사회적으로 바람직하다고 할 수 없다. 또한 돈세탁이나 테러 자금에 대한 대책으로서도 익

〔도표 5-2〕 가상화폐와 현금형 디지털화폐의 비교

〔도표 5-2〕 가상화폐와 현금형 디지털화폐의 비교

	현금형 디지털화폐	가상화폐(비트코인의 경우)
발행 주체	중앙은행	없음
시스템의 운영 주체	중앙은행	없음
화폐 단위	국내 화폐 단위(달러, 엔, 원 등)	독자적인 화폐 단위(BTC)
강제통용력	있음	없음
블록체인의 형태	퍼블릭 블록체인	퍼블릭 블록체인
거래 승인자	검토 필요	누구든지
채굴에 대한 보상	검토 필요	있음
거래 확정 시간	검토 필요	10분

명성에는 일정한 제한이 필요해 보인다.

이러한 부정한 거래를 억제하기 위해서는 전자화폐처럼 현금형 디지털화폐의 지갑 내 잔액을 제한하는 방법*과 하루에 이용 가능한 액수에 상한을 설정하는 방법 등을 검토할 수 있다. 그러나 상한액 설정으로 디지털화폐 활용을 사실상 소액 거래에 한정하면 그만큼 디지털화폐의 편리성이 사라져버린다. 애초에 은행권에는 이러한 이용 제한이 없다.

그런데 현금형 디지털화폐의 도입을 검토하는 중앙은행에서도 기존의 물리적인 현금(physical cash)을 폐지하려는 움직임은 전혀 보이

---

* 일본에서 선불형 전자화폐에 충전할 수 있는 금액은 교통카드 계열인 스이카(Suica), 파스모(PASMO) 등이 2만 엔, 그 외의 계열인 라쿠텐에디(Edy), 나나코(nanaco) 등이 5만 엔이다.

지 않는다. 따라서 현금형 디지털화폐가 실현된 경우에는 물리적인 현금과 디지털화폐가 사회에서 공존하는 형태가 될 것이다.

해결할 것이 많은 현금형 디지털화폐 ──────────

현금형 디지털화폐를 실현하려면 다음과 같은 몇 가지 단점과 과제를 검토해야 한다.

공개형 블록체인으로서의 한계

우선 공개형 블록체인을 채용함으로써 나타나는 문제점이다. 공개형 블록체인에서는 거래 데이터를 조작해서 부정한 거래를 하려는 악의적인 참가자가 들어올 가능성이 있다(3장 참조).

따라서 악의적인 참가자가 있어도 올바른 거래 데이터만 다음 블록에 기록되도록 하려면 거래를 승인해가는 합의 알고리즘으로서 매우 엄격한 시스템이 필요하다. 작업 증명처럼 복잡한 계산을 할 필요가 생기는 것이다.

그렇기에 다음과 같은 측면에서 곤란한 문제가 발생한다.

첫째, 누가 채굴(거래 승인)을 담당할 것인가? 비트코인에서는 참가자라면 누구든지 채굴에 참여할 수 있는데, 중앙은행 디지털화폐에서도 누구든지 거래 승인을 할 수 있게 해도 괜찮을까? 이 점은 중앙은행 디지털화폐에 대한 신뢰와도 관련 있는 문제다.

둘째, 채굴에 대한 보상도 문제가 된다. 비트코인에서는 대규모 채굴 기업이 보상을 얻기 위해 채굴 시장을 과점하면서까지 거래 승인 작업을 수행한다. 그러나 중앙은행 디지털화폐에서는 중앙은행이 채굴에 대한 보상을 일일이 지불하기가 어려워 보인다. 보상을 얻을 수 없다면 누가 비용을 들여가면서까지 채굴에 나설 것인가?

셋째, 엄격한 거래 승인 방법을 취하는 경우에는 거래가 확정되기까지 시간이 오래 걸린다는 문제가 있다. 비트코인의 경우에는 이 시간이 10분인데, 중앙은행 디지털화폐가 같은 시스템을 취한다면 편의점이나 소매점에서 디지털화폐로 지불한 뒤에 거래가 확정되기까지 계산대 앞에서 10분 동안 가만히 기다려야 한다. 이래서는 도저히 실용적이라고 할 수 없다.

현재의 기술을 전제로 현금형 디지털화폐를 누구나 사용하게 하려면 공개형 블록체인으로 만들 필요가 있다. 그러나 공개형 블록체인을 채용하면 이와 같은 문제들도 많이 발생한다는 딜레마에 빠지고 만다. 다만 장래에 기술적인 돌파구가 마련될 가능성도 있다.

은행이 배제되는 문제가 발생

또 다른 문제는 중앙은행이 디지털화폐를 직접 발행해서 국민이 결제를 하도록 하면 '은행의 배제'가 발생한다는 점이다. 은행권(현금)은 중앙은행이 민간은행에 일괄적으로 발행하고, 개인이나 기업이 은행 창구나 ATM을 통해 인출한다. 중앙은행과 기업, 개인 사이에서 민간은행이 중개자로서의 역할을 하는 것이다(도표 5-1의 ①). 또한 은행 계좌를 사용해 결제를 하기 때문에 기업이나 개인이 민간은행에 결제용 예금(보통예금, 당좌예금 등)을 개설해서 계좌이체나 자동이체를 하는 것이 일반적이다.

하지만 중앙은행에서 직접 발행받은 디지털화폐를 사용하면 개인이나 기업은 서로 직접 결제하게 된다(도표 5-1②). 이러한 직접 발행형 디지털화폐가 널리 보급된 세상에서는 사람들이 은행의 ATM에서 은행권을 인출할 필요가 없다. 애초에 은행에 송금이나 이체를 위한 결제성 예금을 개설할 필요조차 없어진다. 즉, 은행의 주요 업무 중 하나인 '환업무'가 불필요해지고, 결제 업무에서 은행이 배제되는 현상이 발생한다.

또 하나의 심각한 문제는 은행의 대출 업무에 대한 악영향이다. 은행예금에서 디지털화폐로 돈이 옮겨가서 은행예금이 대폭 감소하면, 은행의 입장에서는 대출을 위한 자원이 줄어들어 대출 업무에 지장이 생긴다. 이에 따라 지금까지 은행이 담당해온 예금·대출의 메커니즘(금융 중개 기능)에 심각한 영향이 나타난다. 은행의 대출 능력이 저하하면 은행에서의 차입에 의존하던 중소기업이나 개인에게는 커다란 타격이 갈 것이고, 경제활동의 윤활유가 사라져서 경제가 제대로 돌아가지 않게 된다. 이처럼 중앙은행이 디지털화폐를 발행함으로써 민간은행의 역할을 빼앗아버리는 일은 당연히 커다란 문제가 될 것이다.

중앙은행 계좌의 개설 범위를 어디까지 인정할 것인가?

중앙은행이 디지털화폐를 국민에게 직접 발행한다는 것은 마치 국민 개개인이 중앙은행에 계좌를 개설하는 것과 같다. 이는 중앙은행 계좌에 대한 접근 권한을 어느 범위까지 인정할 것인가 하는 문제를 유발한다. 현재는 각국의 중앙은행마다 입장이 다르다. 예금을 취급하는 금융기관에 한정하는 중앙은행(미국 등)도 있고, 은행 외의 금융기관(증권, 보험 등)까지 폭넓게 인정하는 중앙은행(일본 등)도 있다. 그런데 어느 경우에든 원칙적으로 광의의 금융기관까지 한정할 뿐, 기업이나 개인에게까지 매우 광범위하게 계좌 개설을 허용하는 중앙은행은 없다.

앞으로 현금형 디지털화폐를 발행하려고 한다면 중앙은행 계좌의 개설 범위 문제를 해결해야 한다. 금융기관이 보유한 중앙은행 당좌예금 계좌와는 다른 종류의 특별한 '디지털화폐 계좌(digital currency account)'를 새로이 창설하는 것도 하나의 해결책이다. 다만 그 경우에도 계좌 관리를 위한 막대한 업무(현재 민간은행이 고객에게 제공하는 서비스)를 중앙은행이 해낼 수 있느냐 하는 문제가 남는다. 중앙은행으로서는 그런 업무가 너무나 익숙지 않을 뿐더러 중앙은행 인력의 한계를 고려하면 아무래도 현실적이지 않다.

중앙은행이 국민에게 직접 디지털화폐를 발행하는 형태는 현재의 은행권(현금)과 유사하며 가장 친숙하지만, 현실적으로는 검토해야 할 과제가 많고 현재의 기술로는 실현하기가 무척 어렵다는 것이 현시점에서의 결론이다. 이러한 현금형 디지털화폐로는 미국의 Fed코인과 스웨덴의 e-크로나가 있는데, 둘 다 아직은 구상 단계에 머물러 있다. 각국 중앙은행도 본격적으로 실증실험을 해본 곳이 아직 없다. 그만큼 각국 중앙은행에서도 현금형 디지털화폐를 추진하는 데 장애가 많다고 여기는 것이다.

3

은행을 경유해 발행하는
하이브리드형 디지털화폐

중앙은행이 국민에게 직접 발행하는 현금형 디지털화폐는 그 과정에서 은행이 배제되는 문제가 발생할 가능성이 있다. 그래서 우선 중앙은행이 민간은행에 디지털화폐를 발행하고, 이를 또 민간은행이 기업이나 개인에 대해 발행하는 2계층 모델도 등장했다. 그 전형적인 예가 'RS코인'이다. 이는 런던대학교의 두 연구자가 2016년 2월 발표한 논문에서 공개한 모델인데, 중앙은행인 잉글랜드은행(BOE) 관계자와 논의를 거쳐 만들어졌다. 논문의 저자는 언뜻 금융 시스템을 잘 알지 못할 것 같은 암호 연구자다. 따라서 디지털화폐의 유통 경로에 민간은행이 들어가고 중앙은행이 전체를 통제한다는 아이디어를 제공한 사람은 BOE의 관계자라고 보는 게 타당할 것이다. 결국 BOE가 생각하는 디지털화폐 시스템을 암호 기술로 실현한 것이 RS코인이다.

2계층 접근법으로 유통되는 RS코인

RS코인 모델에서는 중앙은행, 은행, 이용자 등 세 계층이 등장한다. 이 중에서 중앙은행만이 신뢰받는 기관이며, 은행과 이용자는 부정행위를 저지를 가능성이 있다. 은행은 논문 속에서 민테츠(mintettes)*라고 불리며, 중앙은행의 허가를 받은 곳만이 은행(민테츠)으로서의 기능을 맡을 수 있다(즉, 폐쇄형 시스템이다). 또한 이용자는 RS코인을 사용해 대금을 지불하는 개인이나 기업을 가리킨다.

이 모델에서는 블록체인을 두 계층으로 나눈 2계층 접근법을 채용한 것이 특징이다. 은행은 분산 환경에 의해 이용자의 거래를 기록하는 하위 레벨 블록체인을 공동으로 관리하고, 중앙은행은 은행으로부터 하위 레벨 블록을 넘겨받아 상위 레벨 블록체인에 넣음으로써 전체를 관리한다(도표 5-3).

이러한 2계층 구조에 따라 양쪽의 역할을 명확히 나눈다. 중앙은행은 RS코인을 발행(화폐 발행)하고, 은행이 거래용 장부(transaction ledger)를 관리하는 것이다. 중앙은행에서는 개인이나 기업의 막대한 거래를 직접 관리하거나 고객을 대면해서 대응하지 않아도 되므로 화폐 발행 관리에만 집중할 수 있는 구조가 만들어진다.

송금인은 거래 은행에서 RS코인의 '미사용 증명서'를 받아 RS코인

---

* 논문에서 굳이 이렇게 낯선 단어를 사용하면서까지 한사코 은행이라고 칭하지 않은 이유는 비은행권 결제업자까지 포함하기 위해서라고 보인다. 이 책에서는 이해하기 쉽게 그냥 '은행'이라고 하겠다.

〔도표 5-3〕 RS코인의 구조

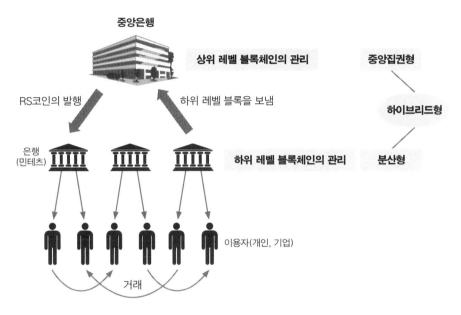

으로 지불한다. 이용자 사이의 거래는 은행과 은행의 합의에 따라 승인되고 하위 레벨 블록체인에 들어간다. 은행에서는 일정 시간마다 하위 레벨 블록을 중앙은행으로 보내고, 중앙은행에서는 그것을 토대로 상위 레벨 블록을 형성한다(이것이 메인 블록체인이 된다).

이 모델에서는 중앙은행만이 RS코인을 발행할 수 있는 발행 주체다. 하위 레벨에서는 분산형 거래 처리를 하면서도 시스템 전체로서는 중앙은행이 중앙집권형으로 운영한다. 따라서 분산형 장부 기술의 장점과 중앙에서 통제하는 화폐의 장점을 조합했다는 의미에서 분산형과 중앙집권형이 합체한 '하이브리드형 디지털화폐'라고 할 수 있다.

RS코인의 장점들

RS코인에는 다음과 같은 몇 가지 장점이 있다.

디지털화폐 발행의 역할 분담이 가능

먼저 디지털화폐의 발행 절차에 관해 살펴보자. 사람들은 보통 ATM이나 은행 창구에 가서 자신의 예금 계좌에서 현금을 인출하는 방법으로 현금을 입수한다. 디지털화폐도 마찬가지인데, 이용자는 거래 은행에 가서 자신의 예금 계좌에서 일정 금액을 인출하고 디지털화폐 지갑에 입금함으로써 디지털화폐를 입수한다.

어쩌면 디지털화폐에 대응할 수 있는 ATM이 생겨날지도 모른다. ATM을 조작하면 계좌 번호나 금액에 따라 QR코드가 표시되고, 그 QR코드를 스마트폰으로 찍으면 디지털화폐가 자동으로 입금되는 방식이 될 것이다. 또한 스마트폰으로 은행 앱을 이용해서 은행 계좌에서 금액을 인출하는 즉시 디지털화폐로 전환할 수 있게 될지도 모른다.

모든 국민이 디지털화폐의 이용자가 되므로 국가 전체적으로 디지털화폐 발행 건수가 어마어마할 것이다. 이를 전부 중앙은행이 직접 처리하는 것은 아무래도 현실성이 없다. 역시 중앙은행은 은행을 상대로 '도매'에 전념하고, 은행은 고객을 상대로 '소매'를 맡는 기존의 역할 분담이 적절해 보인다. 이러한 측면에서도 RS코인의 2계층 접근법이 보다 현실적이라고 할 수 있다.

거래 건수의 상한 문제를 해결

RS코인의 또 다른 장점은 공개형 가상화폐(비트코인 등) 거래 건수의 상한 문제를 해결할 수 있다는 것이다. 비트코인은 1초 동안 일곱 건의 거래가 상한으로 정해져 있지만, RS코인은 실증실험에서 1초 동안 2,000건의 거래를 달성했다. 또한 필요한 거래 건수에 따라 거래량을 더욱 늘릴 수도 있다.

높은 처리 능력이 가능한 이유로는 참가 은행을 한정하는 폐쇄형을 채용하고, 네트워크 전체에 거래 통지(브로드캐스트)를 하지 않으며, 합의 알고리즘으로 부하가 가벼운 '2단계 커밋(two-phase commit)'* 방식을 채용한 것 등을 들 수 있다.

중앙은행의 거버넌스 확보와 부담 경감

중앙은행의 입장에서 보면 화폐 발행을 중앙에서 통제할 수 있고, 시스템 전체의 거버넌스도 중앙은행이 장악할 수 있으며, 중앙은행이 무수한 거래들을 직접 취급할 필요가 없는 점 등이 커다란 장점이라고 할 수 있다.

런던대학교의 논문은 '이 프레임워크를 활용하면 어느 중앙은행이라도 독자적으로 디지털화폐를 발행할 수 있다'면서 실용화에 낙관

---

* 분산 시스템 내의 노드를 조정자와 참가자로 나누고, 조정자가 참가자로부터 받은 합의의 응답을 정리해서 거래를 완료하는 수법이다.

적인 목소리를 냈다. 기술적인 색채가 꽤나 강한 논문이긴 해도, 앞으로 런던대학교의 연구자와 BOE는 지속적으로 협력해서 이 연구를 더욱 발전시킬 예정이다. 메인 블록체인은 중앙은행이 관리하고, 고객과의 관계를 유지하는 분산형 서브 블록체인은 민간은행이 관리하는 2계층 접근법은 현재의 거래 실태에도 가깝고 은행이 배제되는 문제도 발생하지 않으며 중앙은행이 수많은 거래를 일일이 관리하거나 고객과 직접 관계를 유지할 필요가 없다는 점에서 꽤나 괜찮은 방식으로 보이며, 앞으로 주목할 만한 가치가 있다. 이러한 RS코인 방식이 그대로 현실화될지는 아직 불투명하지만, 적어도 2계층 접근법은 중앙은행이 직접 발행하는 현금형 디지털화폐에 비하면 현실성이 높은 방법이라고 할 수 있다.

2계층 방식을 채택한 중국인민은행

중국인민은행은 위안화의 디지털화폐(가칭 '차이나코인')를 발행하겠다는 구상을 공표했다. 이 차이나코인도 RS코인과 마찬가지로 2계층의 하이브리드형 디지털화폐를 지향한다는 사실이 밝혀졌다.

차이나코인은 먼저 중앙은행이 민간은행에 디지털화폐를 발행하고, 이어서 민간은행이 일반 고객(기업이나 개인)에 대해 디지털화폐의 예치와 지급에 관한 서비스를 제공하는 2계층 방식을 채택했다. 상세한 사항은 아직 발표되지 않았지만 콘셉트는 RS코인과 크게 다르지 않아 보인다.

　여담인데, 중국이 디지털화폐에 '추적 가능성(누가 누구에게 디지털화폐를 지급했는지 나중에 조사할 수 있음)'을 부여하려는 데는 뇌물을 줄이려는 의도 또한 있다고 한다.

4

당좌예금 기능을 지향하는
결제 코인형 디지털화폐

지금까지 설명한 현금형 디지털화폐와 하이브리드형 디지털화폐(RS)는 블록체인을 활용해 은행권의 기능을 실현하는 데 목적이 있다. 이에 비해 지금부터 살펴볼 결제 코인형 디지털화폐는 중앙은행 당좌예금의 기능을 분산형 장부 기술로 실현하려고 한다.

중앙은행의 결제 코인형의 실증실험 —————————

4장에서 설명한 각국 중앙은행의 실증실험을 되짚어보자. 캐나다중앙은행의 CAD코인, 일본은행의 기초 실험, 싱가포르(MAS)의 디지털 SGD, 홍콩(HKMA)의 실증실험 등은 모두 중앙은행이 발행하는 디지털화폐를 주로 은행 간 자금 결제에 이용하려는 것이었다. 그런 실험들은 지금까지 중앙은행 당좌예금이 수행해왔던 기능을 분산형 장부 기술로 실현하겠다는 의도를 품고 있다.

그중에서 캐나다중앙은행과 MAS의 실증실험은 법정통화를 중앙은행에 예치함으로써 동일한 금액의 코인을 발행받는 시스템이다. 디지털화폐가 법정통화에 의해 100퍼센트 보장받고 발행되는 형태인 것이다. 중앙은행은 지금까지 중앙집권형 자금 결제 시스템을 운영하며 은행 간 결제 서비스를 제공해왔는데, 디지털화폐를 발행함으로써 이를 분산형 장부로 대체하고자 한다.

결제 코인형 디지털화폐 시스템에서는 중앙은행이 네트워크 참가자를 선정하기 때문에 신뢰성 높은 금융기관만이 참가할 수 있는 폐쇄형 블록체인이 된다. 따라서 비교적 부하가 가벼운 합의 알고리즘을 채용할 수 있고 거래도 신속히 처리할 수 있다. 이 점은 단시간에 대량의 거래가 이루어지는 것을 상정하는 은행 간 결제에서 중요한 요소다.

민간에서도 진행중인 결제 코인 구상 ─────────────

사실 민간은행에서도 비슷한 구상을 이미 내놓았다. UBS, BNY멜론, 도이체방크, 산탄데르 등 4개 은행은 2016년 8월 분산형 장부를 기반으로 하는 가상화폐의 공동 개발 계획을 발표했다. 현금을 민간은행에 예탁하면 민간은행이 그 현금을 보증금 삼아 USC를 발행하는 것이 주요 내용으로 '유틸리티 결제 코인(Utility Settlement Coin, USC)'이라고 명명됐다.

프로젝트에 참가하는 은행은 USC를 금융시장 거래에 관한 은행 간 결제에 사용할 것을 목표로 삼는다. 지금까지 중앙은행 당좌예금의 이체로 이루어졌던 은행 간 결제를, 앞으로는 USC를 주고받으며 하겠다는 것이다. 캐나다중앙은행이나 MAS의 실증실험과 비교해보면, 발행 주체가 중앙은행이냐 민간은행이냐의 차이는 있지만 은행 간 자금 결제를 디지털화폐로 하고자 한다는 점에서는 동일하다.

이 프로젝트의 초기에는 달러화와 유로화만을 대상으로 실증실험을 했다. 그런데 2017년 9월부터 대상 화폐를 엔화와 캐나다 달러화로까지 확대했고, 이를 계기로 바클레이스, 크레디스위스, HSBC, 미쓰비시도쿄UFJ은행 등 6개 은행이 추가로 참가했다. 실로 세계적인 연합이 이루어졌다고 할 수 있다. USC는 2020년 무렵에 본격적으로 운용할 것을 목표로 삼고 있다.

증권 결제에 필요한 결제 코인

금융에서 블록체인의 유력한 응용 분야 가운데 하나가 증권 결제다. 만약 실제로 증권 결제에 블록체인이 응용되어 증권(주식이나 채권) 양도가 분산형 장부로 이루어진다면 어떻게 될까? 이 경우에 증권 양도와 자금 양도가 따로따로 처리되면, 증권을 넘겼는데 자금을 받지 못하고 떼먹히는 일이 발생할 수 있다. 이런 리스크를 줄이기 위해서는 자금과 증권을 동시에 결제하는 'DVP 결제'를 확보할 필요가 있다(7장 참조). 그러려면 증권 양도와 자금 양도를 모두 분산형 장부의 환경하에서 시행해야 한다. 즉, 리스크를 줄이기 위해 필요한 DVP 결제를 분산형 장부 환경하에서 실현하기 위해서는 자금 결제를 위한 '결제 코인(디지털화폐)'이 필수적이다.

그렇다면 결제 코인은 USC 같은 민간 코인이라도 괜찮을까? 결제의 세계 표준(global standard)인 '금융시장 인프라를 위한 원칙'[*]에는 증권 결제에 관해 '중앙은행화폐로 자금을 결제해야 한다'고 명시되어 있다. 민간은행에는 파산의 위험이 있어서 상업은행화폐(민간은행의 예금)로 결제하면 결제의 완료성을 확보할 수 없기 때문이다.

다시 말해 자금 양도를 증권 양도와 함께 동일한 분산형 장부 환경에서 시행하기 위해서는 USC 같은 민간 디지털화폐가 아니라, 중앙은행화폐(중앙은행 발행 디지털화폐)를 사용해 자금 결제를 해야 한다. 그래서 각국 중앙은행이 결제 코인 분야에서 적극적인 실증실험에 나서는 것이다.

캐나다중앙은행의 CAD코인 프로젝트 보고서[**]도 '분산형 장부에 의한 자금 결제 시스템을 단독으로 구축하는 것은 별로 의미가 없다'

---

* BIS(2012).
** 캐나다중앙은행(2017).

[도표 5-4] 중앙은행 디지털화폐의 유형

유형	개요	대체하는 중앙은행화폐의 기능	구상, 실증실험 등
현금형 디지털화폐	중앙은행이 국민에게 직접 발행	은행권	Fed코인(구상) e-크로나(구상)
하이브리드형 디지털화폐	중앙은행이 은행을 통해 국민에게 발행		RS코인 중국인민은행의 차이나코인
결제 코인형 디지털화폐	은행 간 자금 결제를 디지털화폐로 시행	중앙은행의 당좌예금	캐나다중앙은행의 CAD코인, 일본은행의 기초 실험, MAS의 실증실험, HKMA의 실증실험, 러시아은행의 실증실험

고 단정한 뒤에, '반면에 같은 분산형 장부 환경하에서 다른 자산(주식, 채권, 파생상품, 신디케이트 론 등)과 함께 자금 결제가 이루어지는 경우에는 그 혜택이 매우 클 것이다'라고 결론 내린다.

결제 코인형 디지털화폐는 폐쇄형이어서 앞에서 말한 공개형의 문제점은 없다. 기술적인 실현 가능성도 비교적 높아 보인다. 또한 실제로 각국 중앙은행의 실증 연구에서 가장 많이 다루는 것 역시 결제 코인형 디지털화폐다(도표 5-4). 이런 점을 생각하면 중앙은행 디지털화폐의 세 가지 유형 가운데 가장 일찍 실현되는 것은 바로 결제 코인형 디지털화폐일지도 모른다. 다만 결제 코인만 단독으로 실현하는 것은 그다지 의미가 없다. 따라서 중앙은행만 홀로 앞서 나가지 않고, 다른 자산(증권 등)이 분산형 장부 환경으로 바뀌는(블록체인 이용) 형세와 보조를 맞추며 결제 코인 도입을 진행해나갈 가능성이 크다.

5

디지털화폐는
새로운 정책 도구가 될까?

중앙은행이 발행한 디지털화폐가 은행권 대신에 널리 보급되면 디지털화폐를 새로운 정책 도구로 활용할 수 있을 것이라는 예상이 점쳐지고 있다. 그렇다면 디지털화폐를 정책 도구로 활용한다는 것은 어떤 의미일까?

일반적으로 경기가 나쁘거나 경제가 디플레이션에 빠지면 중앙은행은 금융완화 정책을 펼친다. 전통적으로 금융완화는 금리 인하라는 방법으로 실시된다. 그러나 금리에는 명목 금리*의 제로 제약(zero lower bound, 명목 금리는 마이너스 값을 취할 수 없다는 제약)이라는 성질이

---

* 명목 금리는 '겉으로 표시된 금리'며, 실제로 거래에 사용되는 금리다. 반면에 명목 금리에서 물가 상승률을 뺀 금리를 '실질 금리'라고 한다.

있다. 따라서 경제 환경으로만 보면 금융완화가 더욱 필요한데도 명목 금리의 제로 제약 때문에 더 이상 금리를 내리지 못하는 상황에 몰릴 수 있다. 그러면 중앙은행에서는 비전통적 금융정책이라는 이례적인 정책을 취할 수밖에 없다. 이는 국채를 대량으로 매입하거나 국채 외의 리스크 자산*을 매입하는 등의 정책**이다. 그러나 일본에서 일본은행의 구로다 하루히코(黑田東彦) 총재가 의욕적으로 내세운 이차원 금융완화 정책이 좀처럼 효과를 발휘하지 못하는 현상에서도 알 수 있듯이, 비전통적 금융정책에도 분명히 일정한 한계가 있다.

그런데 명목 금리의 제로 제약을 회피하고 금리를 마이너스로 만들 수 있다면 어떨까?

중앙은행이 민간은행으로부터 맡아두는 당좌예금의 일부에 마이너스 금리를 적용하는 '마이너스 금리 정책'은 이례적이긴 하지만 이미 몇몇 중앙은행에서 실시하고 있다. 중앙은행이 스스로 발행하는 화폐(은행권)에 마이너스 금리를 붙인다는 것은 기나긴 중앙은행의 역사에서도 좀처럼 찾아볼 수 없는 정책이다. 그러나 만약 이 정책이 실제로 가능하다면 전례 없는 강력한 금융완화 효과를 거둘지도 모른다. 그리고 중앙은행이 발행하는 디지털화폐는 지금까지 존재하지 않았던 새로운 정책에서 화폐에 마이너스 금리를 적용하는 좋은 수단이 될지도 모른다.

---

* 사채, 기업 어음, 자산 담보 증권 등이다.
** 양적완화 정책 혹은 신용완화 정책이라고 부른다.

인지를 활용한 게젤의 인지 첨부 지폐 ──────────

화폐에 마이너스 금리를 적용하는 아이디어는 독일의 경제학자인 실비오 게젤(Silvio Gesell)이 1920년대에 일찌감치 제안한 바 있다. 게젤이 고안한 방법은 '인지 첨부 지폐'다. 이는 지폐의 소유자가 매달 우체국 등에서 인지(印紙)를 구입하고 지폐에 붙이지 않으면 지폐를 사용하지 못하도록 하는 방식이다. 시간이 지나면 지폐의 가치는 인지값만큼 떨어진다. 요컨대 인지값만큼 마이너스 금리가 붙는 지폐가 되었다고 할 수 있다. 인지값은 1주에 액면가의 0.1퍼센트, 연이율 5.2퍼센트로 설정했다.

마이너스 금리가 붙는 지폐는 오래 소지할수록 가치가 점점 떨어져서 손해가 되므로, 소유자는 되도록이면 빠르게 그 지폐를 써버리려고 한다. 이로써 지폐가 점점 많이 사용되면 화폐의 유통 속도가 빨라지고 경제를 자극하는 효과가 나타난다. 이러한 인지 첨부 지폐는 1930년대 독일과 오스트리아의 특정 지역에서 지역 화폐로서 실제로 도입되었다. 그리고 그 지역에서는 마이너스 금리의 효과에 의해 소비가 촉진되었다고 한다.

게젤의 인지 첨부 지폐는 대단히 흥미로운 아이디어였지만, 이 제도를 도입하면 지폐 하나하나에 달마다 인지를 붙여야 하는 지루한 작업이 반복된다. 시간과 노력이 지나치게 많이 소요되는 탓에 실제로 전국적으로 운용하기에는 현실성이 없다.

디지털화폐에 마이너스 금리를 적용한다면 _____

만약 시간과 노력을 들이지 않고도 인지 첨부 지폐의 발행을 전자적으로 해낼 수 있다면 어떨까?

예를 들어 중앙은행이 발행한 디지털화폐가 널리 보급된 세상에서 중앙은행이 장부상 잔액을 일정 기간마다 일률적으로 줄인다면 전자적인 형태로 마이너스 금리를 적용할 수 있다. 디지털화폐의 장부에서 1,000원의 잔액이 1년 후에는 990원으로 줄어들도록 설정하면, -1퍼센트의 금리를 실현할 수 있다. 그러면 사람들은 가급적 빨리 디지털화폐를 사용하려고 할 테고 디지털화폐의 유통 속도가 빨라지면서 전국적으로 소비가 촉진되어 경기 회복을 기대할 수 있다. 즉, 소비와 투자를 자극하기 위한 금융정책으로서 디지털화폐에 마이너스 금리를 일괄 적용하는 방식이다.

이와 마찬가지로 중앙은행 발행 디지털화폐에 플러스 금리를 적용할 수도 있다. 디지털화폐의 장부에서 1,000원의 잔액이 1년 후에는 1,010원으로 늘어나도록 설정하면 디지털화폐에 1퍼센트의 금리를 적용하는 셈이다. 다만 이 경우에는 민간은행의 예금과 금리 수준을 두고 직접적으로 경쟁할 수 있다는 점에 주의해야 한다. 디지털화폐와 민간은행의 예금은 둘 다 금리가 붙는 자산이기 때문이다(상세한 사항은 뒤에서 설명함).

중앙은행의 은행권에는 금리를 붙일 수 없다. 중앙은행이 은행권에 아무리 금리를 적용하고 싶어도 은행권은 영원히 제로 금리일 수밖에 없다. 그러므로 은행권을 정책 도구로 이용하기는 곤란하다. 그러나 중앙은행의 디지털화폐가 은행권을 대체하며 널리 보급된다면, 중앙은행은 지금까지 설명한 것처럼 플러스로든 마이너스로든 자유롭게 금리를 적용할 수 있다. 또한 기존의 금융정책은 은행의 행위(기업에 대한 대출 금리를 변경하는 것 등)를 통한 간접적인 효과가 발휘되었다면, 앞으로 디지털화폐 보유자에게 직접적으로 금리 정책을 적용할 수 있으면 더욱 즉각적이고 피부에 와닿는 효과가 나타날 것으로 기대된다. 잉글랜드은행의 논문*에서는 중앙은행이 발행하는 디지털화폐를 '제2의 금융정책 수단'이라고 했다. 그만큼 디지털화폐를 금융정책에 적절히 활용한다면 경기 변동에 대한 조절 기능이 대폭 강화되리라 예상하는 것이다. 그래서 '디지털화폐 시스템하에서는 금융정책을 실행하기가 훨씬 쉬워질 것이다'라는 견해**를 보이는 경제학자도 있다.

물론 지금까지 중앙은행의 은행권에는 금리가 붙은 적이 없기에 디지털화폐에 플러스 또는 마이너스 금리를 적용했을 때의 상황 변화를 예상하기 힘들고, 이에 대한 찬반 여부를 놓고 치열한 논의가 벌어질 것이다.

특히 디지털화폐에 마이너스 금리를 붙이는 것은 중앙은행이 모든 국민에게 일종의 세금을 거두어들이는 것과 매한가지여서 강한 반발

---

* BOE(2016).
** Raskin & Yermack(2016).

을 살지도 모른다. 그러나 사람들이 중앙은행 발행 디지털화폐를 일상적으로 사용하는 세상이 된다면 디지털화폐를 새로운 정책 도구로 활용할 가능성은 높아질 것이다. 이 점은 금융정책에 관심 있는 사람이라면 대단히 흥미를 자극하는 요소가 아닐까 싶다.

앞에서 소개한 잉글랜드은행의 조사 프로젝트에서도 '중앙은행 발행 디지털화폐가 새로운 정책 도구로 활용될 가능성'이라는 주제를 중요한 검토 과제 중 하나로 꼽았다. 디지털화폐가 정책 도구로서 어떠한 평가를 받고, 어떠한 가능성이 검토되고, 또 어떤 활용 방안이 제시될지 그 귀추가 주목된다.

자산 간 이동의 가능성에는 주의가 필요 _____

디지털화폐는 새로운 정책 도구로 활용할 수 있다는 긍정적인 가능성도 있지만, 한편으로 금융의 불안정 요인이 될 수 있다는 부정적인 가능성도 품고 있다.

중앙은행 발행 디지털화폐가 은행권과 공존하는 세상이 실현된다면, 사람들은 언제든지 대금 지불에 쓸 수 있는 자산을 물리적인 현금, 디지털화폐, 은행예금 등 세 군데로 나누어 보유할 것이다. 이 가운데 현금은 물리적으로 인출하거나 가지고 다녀야 한다. 그런데 디지털화폐와 은행예금은 둘 다 전자적인 지불에 그대로 활용할 수 있으며 금리가 붙는다는 점에서 성격이 비슷하다. 그런 만큼 디지털화폐와 은행예금은 서로 경쟁하는 관계가 된다.

따라서 금융정책의 일환으로서 디지털화폐에 금리를 적용하는 경우에는 그 금리 수준에 따라 세 가지 자산 사이에서 커다란 이동이 벌어져 금융이 오히려 불안정해질 수 있다. 예를 들어 디지털화폐에 마이너스 금리가 적용되면 마이너스 금리의 디지털화폐에서 제로 금리의 현금으로 대규모 이동이 발생할 수 있다. 만약 디지털화폐의 금리가 은행예금의 금리보다 높다면 이번에는 반대로 막대한 돈이 디지털화폐로 흘러들게 된다.

그리고 금융 위기 등으로 은행 경영이 전반적으로 불안정해진 환경에서는 은행예금에서 디지털화폐로 돈을 옮기기 위해 대규모 예금 인출 사태가 벌어질 수도 있다. 지금까지는 아무리 다급해도 은행에서 현금을 빼내려면 은행 창구나 ATM 앞에서 줄을 설 수밖에 없었다. 은행 경영이 불안정해질 때는 출금 제한이 걸리기도 했다. 하지만 디지털화폐를 활용하면 이전보다 손쉽게 예금을 인출할 수 있다. 예금이 유출되는 속도도 더욱 빨라지고, 예금이 유출되는 양도 더욱 막대해질 가능성을 부정하기 힘들다.

디지털화폐를 발행하고 금리를 적용하는 것은 금융정책 면에서만 검토한 사항일 뿐이어서 여러 혼란을 충분히 야기할 수 있다. 앞으로는 사회 전체적인 신용 질서를 유지하는 정책 면에서도 고려할 필요가 있다.

지금까지 디지털화폐를 정책 도구로서 활용하는 방법과 자산 간

이동의 가능성 등에 관해 논의했다. 그런데 이는 '만약 중앙은행이 발행하는 디지털화폐가 세상에 널리 보급된다면?'이라는 가정을 바탕으로 한 가상의 논의였다. 하지만 실제로 디지털화폐를 발행하고 난 뒤에 이러한 논의를 하는 것은 너무 늦다. 디지털화폐의 폐해가 불거지고 나서야 '역시 폐해가 많으니까 디지털화폐 따위는 중단합시다!'라고 말할 수는 없는 노릇이다. 따라서 중앙은행이 발행하는 디지털화폐에 관해서는 기술적인 측면뿐 아니라, 사회적인 영향에 관해서도 디지털화폐를 실제로 도입하기 전에 충분한 논의를 거듭해야 한다.

6장

블록체인에 의한
국제 송금 혁명

After
Bitcoin

블록체인은 금융 업무의 다양한 분야에 응용할 수 있다.
그중 매우 유력한 분야 중 하나가 '국제 송금(cross-border payment)'이다.
이전부터 국제 송금에 관해서는
'상대방에게 돈이 도착하기까지 시간이 오래 걸린다'는 둥
'수수료가 비싸다'는 둥 불만이 끊이지 않았다.
특히 최근에 개인 간 국제 송금이 늘어나면서
이러한 불만은 더욱 높아졌다.
세계은행의 조사에 따르면 2015년 기준으로 국제 송금은
연간 580조 원이라는 큰 규모로 이루어지고 있다.
이제부터 국제 송금의 현황과 블록체인의 방향성에 관해
알기 쉽게 설명해나가겠다.

비싸고 느린
국제 송금의 현황

세계은행의 조사에 따르면 2015년 기준으로 국제 송금은 연간 580조 원이라는 큰 규모로 이루어지고 있다.

이 중에는 이주 노동자가 본국으로 보내는 송금이 많다. 본국의 가족들에게는 중요한 수입원으로 소액 송금을 거듭하는 경우가 많기 때문에 값비싼 송금 비용이 문제가 된다. 최근에는 저렴한 요금을 받고 해외로 돈을 보내주는 자금 결제업자도 생겨났는데, 송금할 수 있는 국가가 한정적이라는 제약이 있다.

역시 아직까지 해외 송금의 중심은 은행이다. 따라서 현재는 은행이 중심이 되어 새로운 블록체인 기술을 활용해 이러한 문제를 해결하려는 움직임을 보이고 있다. 필자는 지금까지 국제 송금 네트워크로 사용되는 SWIFT(스위프트)를 연구 대상으로 삼는 등 국제 송금 분야에 밝다고 자신하는 만큼, 블록체인 기술이 이 분야에 가져다줄 영향력의 크기를 실감하고 있다.

일단 국제 송금의 현황부터 살펴보겠다.

SWIFT를 활용한 국제 송금 —————————

세계 각국에는 국내 자금 결제를 위한 '자금 결제 시스템'이 있다. 중앙은행이 주요 은행들을 네트워크로 연결해 국내 통화로 자금을 결제한다. 예를 들어 일본에는 일본은행넷과 전국 은행 데이터통신 시스템이 있고, 미국에는 Fedwire와 ACH가 있으며, 유로권에는 TARGET2와 STEP2가 있다. 각각 자국의 통화로 결제한다.

그런데 글로벌화가 진행되었음에도 불구하고 국경을 넘나드는 국제 송금을 위한 시스템은 제대로 갖춰져 있지 않다. 국제사회에는 각국의 중앙은행에 해당하는 기관이 없기 때문이다.

그래서 은행은 해외의 환거래 은행(correspondent bank)*과 계약을 맺어 서로 계좌(환거래 계좌)를 개설하고, 상대 은행을 대신해 개별적으로 자금을 수납하거나 지급해주는 것이 일반적이다. 예를 들어 일본의 A은행에서는 미국의 B은행과 환거래 계약을 체결하고 미국 내에서의 달러화 지불을 B은행에 의뢰하는 한편, B은행을 위해 일본에

———————

* 해외 은행을 위해 결제를 대행하는 은행이다.

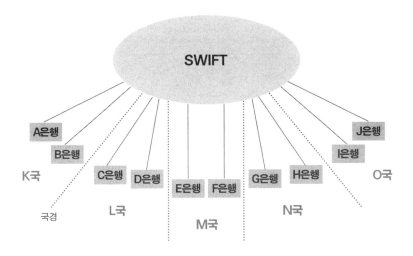

서의 엔화 지불을 해준다.

  이러한 환거래 은행 간의 국제적 송금 메시지(지불 지시) 통신을 하
는 곳이 SWIFT다.* SWIFT는 은행 간 금융 거래에 관한 메시지 통
신(금융 메시징 서비스)을 국제적인 네트워크로 제공하는 조직이다.
SWIFT는 세계 200개국 이상의 1만 1,000개가 넘는 금융기관을 연
결하며 국제적 지불 메시지 전송 서비스를 시행하고 있다(도표 6-1).
SWIFT의 네트워크가 존재하는 덕분에 우리는 세계 어느 나라 은행
에라도 자금을 보낼 수 있는 것이다.

---

* SWIFT는 Society for Worldwide Interbank Financial Telecommunication의 약자며,
  벨기에에 본부를 둔 협동조합이다.

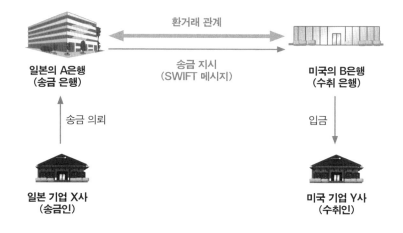

〔도표 6-2〕 환거래 관계에 있는 은행 간의 국제 송금

환거래 관계

일본의 A은행
(송금 은행)

송금 지시
(SWIFT 메시지)

미국의 B은행
(수취 은행)

송금 의뢰

입금

일본 기업 X사
(송금인)

미국 기업 Y사
(수취인)

환거래 은행을 통한 국제 송금

환거래 은행을 통한 국제 송금에 관해 몇 가지 사례를 살펴보자.

직접적인 환거래 관계에 있는 은행 간의 국제 송금

송금 은행과 수취 은행이 직접적인 환거래 관계에 있는 경우에는 국제 송금이 비교적 단순하다. 일본의 A은행과 미국의 B은행이 계약을 맺고 환거래 관계가 된 상태에서 A은행의 고객 X사(일본 기업)가 B은행의 고객 Y사(미국 기업)에 달러화로 송금을 하려고 한다. 이 경우에 A은행은 X사로부터 송금의 대가를 받고 SWIFT를 활용해 B은행에 송금 메시지를 보낸다. 이 메시지를 받은 B은행에서는 Y사의 계좌에 지정된 금액을 입금한다(도표 6-2). A은행과 B은행 사이의 자금 결제는 보통 서로 보유하고 있는 환거래 계좌를 통해 이루어진다(이 경우에는 A은행이 B은행에 보유하는 달러화 환거래 계좌에서 송금액이 인출된다).

직접적인 환거래 관계가 없는 은행 간의 국제 송금

직접적인 환거래 관계가 없는 은행 사이에서 국제 송금을 하는 경우에는 약간 복잡해진다. 송금 은행(A은행)과 수취 은행(B은행)이 직접 환거래 관계에 있지 않다면, 양쪽 은행이 공통으로 환거래 관계를 맺은 은행(C은행)을 찾아서 C은행에 양쪽의 중개를 의뢰한다. 그리고 C은행이 '중계 은행'이 되어 A은행 → C은행 → B은행의 순으로 송금을 처리한다(도표 6-3의 ①). 그런데 양쪽 은행이 공통으로 환거래 관계를 맺은 은행이 존재하지 않는다면, '송금 은행 측의 중계 은행(C은행)'과 '수취 은행 측의 중계 은행(D은행)' 등 두 곳의 중계 은행을 통해 A은행 → C은행 → D은행 → B은행의 순으로 송금을 처리한다(도표 6-3의 ②).

이처럼 중계 은행이 끼어든 국제 송금에서는 관여하는 은행이 늘어나기 때문에 송금 처리에 그만큼 시간이 더 걸린다. 송금 메시지의 일부라도 누락되면 확인 작업이 발생해서 송금 처리가 도중에 멈추는 경우도 있으므로, 입금되기까지 2~4일이나 소요되는 일도 흔하다. 또한 각 중계 은행에서는 따로따로 수수료를 받기 때문에 그만큼 송금 비용이 늘어난다. 그리고 이러한 수수료는 일반적으로 도중에 송금액에서 차감되어, 도착한 돈을 확인하기 전까지는 최종적인 입금액을 알 수 없다는 문제도 발생한다. 처음에 1만 달러를 보냈는데 도중에 수수료가 차감되어 실제로는 9,950달러만 도착하는 사태가 벌어지는 것이다. 이러한 현상들로 '국제 송금은 느리고, 비싸고, 이해하기 어렵다'는 이용자의 불만이 높아져간다.

〔도표 6-3〕 환거래 관계가 없는 은행 간의 국제 송금

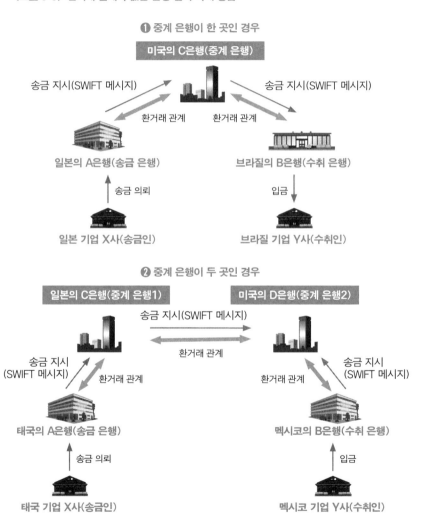

❶ 중계 은행이 한 곳인 경우

미국의 C은행(중계 은행)

송금 지시(SWIFT 메시지)　　　　　　　송금 지시(SWIFT 메시지)

환거래 관계　　환거래 관계

일본의 A은행(송금 은행)　　　　　　브라질의 B은행(수취 은행)

송금 의뢰　　　　　　　　입금

일본 기업 X사(송금인)　　　　　　브라질 기업 Y사(수취인)

❷ 중계 은행이 두 곳인 경우

일본의 C은행(중계 은행1)　　　　미국의 D은행(중계 은행2)

송금 지시(SWIFT 메시지)

환거래 관계

송금 지시
(SWIFT 메시지)　　환거래 관계　　　　환거래 관계　　송금 지시
(SWIFT 메시지)

태국의 A은행(송금 은행)　　　　멕시코의 B은행(수취 은행)

송금 의뢰　　　　　　　　입금

태국 기업 X사(송금인)　　　　멕시코 기업 Y사(수취인)

2

값싸고 빠른 국제 송금을
지향하는 리플 프로젝트

국제 송금에 대해 이용자의 불만이 폭주하자, 국제 송금의 높은 비용
과 비효율성을 블록체인(분산형 장부 기술)으로 해결하려는 몇 가지 시
도가 나타났다. 그중에서 가장 앞서 나간 것이 리플에서 추진 중인
'리플 프로젝트'다. 이 프로젝트의 목표는 은행들 사이를 분산형 장
부 네트워크로 연결함으로써 국제적인 송금을 실시간으로 저렴하게
하는 것이다.

리플(정식 명칭은 Ripple Labs, Inc.)은 미국 샌프란시스코에 본사를 두
고 2012년 창업한 스타트업 기업이며, 블록체인 기술을 금융 분야에
응용하기 위한 연구를 하고 있다.

리플 프로젝트의 송금 모델 _____

리플 프로젝트에서는 블록체인 관련 기술을 활용해 은행과 은행을 네트워크로 직접 연결하고, 분산형 장부로 정보를 공유하면서 송금을 실행하는 모델을 구축하고 있다(도표 6-4). 이에 따라 복잡한 중개 과정이 사라지면 실시간 국제 송금을 효율적으로 할 수 있게 된다. 기존의 환거래 은행을 통한 결제 방법은 관계 당사자가 많아서 그만큼 시간과 비용도 늘어나는 게 단점이다. 그런데 리플 프로젝트는 송금 은행과 수취 은행이 직접적으로 송금과 결제를 처리하도록 하는 방식으로 기존의 문제점을 해결하려고 한다.

〔도표 6-4〕 리플 프로젝트의 국제 송금 모델

❶ 기존의 환거래 은행을 활용한 모델(2~4일)

송금인　송금 은행　중계 은행　환거래 은행　국내의 결제 시스템　수취 은행　수취인

❷ 리플 프로젝트의 모델(실시간)

「리플넷 이용」

실시간 송금

송금인　송금 은행　수취 은행　수취인

출처: http://www.coindesk.com/

값싸고 빠른 송금이 가능한 리플넷의 구조 _____

리플 모델은 분산형 장부 기술로 구축한 'ILP 장부'에 각 참가 은행이 접속해 장부를 공유하면서 효율적으로 송금하는 시스템이다. 송금 은행과 수취 은행을 리플 모델의 네트워크로 연결함으로써 단 몇 초 만에 거의 실시간으로 직접 송금할 수 있도록 한다.

이러한 리플 모델의 구조는 리플 솔루션(Ripple Solution)*이라는 일련의 소프트웨어로 구축하며 중앙 관리자(central operator)를 두지 않는 은행 간 직접 결제를 실현한다. 리플 모델의 구조를 형성하는 주요 구성 요소로는 인터레저 프로토콜, 리플 커넥트, ILP 밸리데이터, 유동성 공급자, 가상화폐 'XRP' 등이 있다(도표 6-5). 그리고 이러한 구조에 의한 분산형 글로벌 네트워크를 전체적으로 '리플넷 (RippleNet)'이라고 부른다. 이제부터 이러한 리플넷의 구성 요소에 관해 하나하나 살펴보겠다.

인터레저 프로토콜

리플넷에서는 인터레저 프로토콜(Interledger Protocol, ILP)이라는 분산형 장부 기술을 사용한다. 이는 은행이 보유한 장부끼리 접속해 자금을 이동하기 위한 시스템이다. 각 은행이 보유하는 장부는 'ILP 장부'라고 한다.

---

* 최근에는 '엑스커런트(xCurrent)'라고도 한다.

〔도표 6-5〕 **리플넷의 주요 구성 요소**

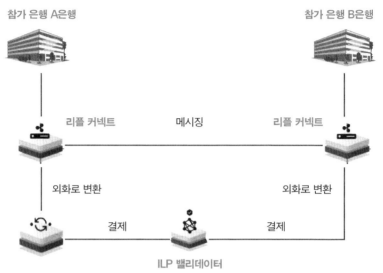

출처: 리플의 웹사이트 자료를 필지가 수정

리플 커넥트

리플 커넥트(ripple connect)는 참가 은행의 내부 시스템에 접속해서 송금에 관한 '메시징'을 보내는 모듈이다(최근에는 '메신저'라고도 부른다). 리플 커넥트는 송금인과 수취인의 데이터(KYC* 정보), 송금 수수료, 외화 환율, 송금 금액, 거래 유효 기한 등 송금에 관한 다양한 데이터를 참가 은행 사이에서 서로 주고받는다. SWIFT가 메시지를 한 방향으로 송신하는 데 비해, 리플넷에서는 쌍방향 통신(정보 교환)을 할 수 있다.

---

* KYC는 Know Your Customer의 약자로, 은행이 고객에 관한 정보를 확인하는 것을 의미한다.

또한 리플 커넥트에서는 송금 은행이 송금 개시 전에 수수료와 환율까지 고려한 송금의 총비용(all-in cost)을 송금인에게 통지한다. 송금인이 그 조건을 승낙하면 비로소 송금이 개시되고, ILP를 통해 결제가 이루어진다. 송금인은 사전에 수수료를 정확히 확인하고 송금할 수 있기 때문에 비용의 투명성이 높아진다.

ILP 밸리데이터

ILP 밸리데이터(ILP validator)는 리플넷에서 참가 은행의 분산형 장부(ILP 장부) 간 자금 이동을 검증하는 역할을 하는 모듈이다(도표 6-6). 리플넷에서는 ILP 밸리데이터가 일정한 검증을 수행함으로써 자금 이동을 확정한다. 비트코인에서의 채굴에 해당하는 작업이라고 생각하면 쉽게 이해할 수 있다. 다만 작업 증명과 같은 복잡한 계산 작업을 하지 않고 합의가 용이한 검증 방법을 채용하기 때문에, 송금은 단 몇 초 만에 실행된다.

유동성 공급자

국제 송금에서는 원화 자금을 해외에 달러화로 보내야 하는 등 외화로 교환해야 하는 경우가 많다. 리플넷의 네트워크상에서 이처럼 외화로 교환해주는 은행을 유동성 공급자(liquidity provider)라고 한다. 유동성 공급자는 자신이 제공하는 환율을 제시하고, 송금 은행은 여러 유동성 공급자 가운데 가장 유리한 환율을 선택할 수 있다. 유동성 공급자는 일반적으로 각 참가 은행에 각국 통화별 계좌를 보유해

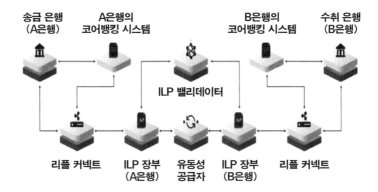

송금 은행
(A은행)

A은행의
코어뱅킹 시스템

B은행의
코어뱅킹 시스템

수취 은행
(B은행)

ILP 밸리데이터

리플 커넥트

ILP 장부
(A은행)

유동성
공급자

ILP 장부
(B은행)

리플 커넥트

출처: 리플의 웹사이트 자료를 필자가 수정

놓고 외화로 교환함으로써 자금을 주고받는다.

유동성 공급자 덕분에 송금 은행에서는 필요할 때 통화를 조달할 수 있다. 따라서 참가 은행은 송금을 대비해 다수의 외화로 자금을 준비해둘 필요가 없고 그만큼 비용을 절감할 수 있다. 또한 송금 은행에서는 유동성 공급자로서 자기 은행의 외환 부문을 선택할 수 있다(즉, 자기 은행이 유동성 공급자가 된다).

가상화폐 XRP

리플넷의 네트워크상에서는 'XRP'라는 독자적인 가상화폐를 사용할 수 있다. 리플넷에서는 XRP를 '디지털 자산(digital asset)'이라고 부른다. 이 가상화폐는 '리플'이라는 이름으로도 통용되며, 가상화폐의 시가총액 리스트에서는 비트코인과 이더리움의 뒤를 이어 3위에 올라 있다(1장 참조).

리플넷의 네트워크를 통해 수많은 통화로 거래가 이루어지면 엔화-달러화 혹은 달러화-유로화 같은 주류 통화끼리의 거래뿐 아니라, 태국 바트화-멕시코 페소화 같은 비주류 통화끼리의 거래도 발생할 수 있다. 이러한 경우에 XRP는 '연계 화폐'로 기능하도록 상정되어 있다.

즉, 바트화 → XRP → 페소화의 형태로 XRP를 사이에 집어넣고 통화를 변환한다(도표 6-7). 통화가 XRP로 변환하거나 XRP로부터 변환되는 것은 리플넷상에서 순식간에 이루어진다.

이처럼 통화와 통화를 중개하는 기능을 지닌 통화를 매개통화(vehicle currency)라고 하는데, 현재 외환시장에서는 미국 달러화가 매개통화의 역할을 수행하고 있다. 그런데 미국 달러화 대신에 XRP를 매개통화로 사용하면, 미국 달러 계좌에 송금을 대비한 거액의 자금을 미리 준비해둘(묵혀둘) 필요가 없다. 따라서 매개통화로서 XRP를 활용하면 미국 달러화를 활용할 때보다 비용을 아낄 수 있다.

또한 XRP의 존재에 의해 유동성 공급자는 모든 통화 간 환율을 제시할 필요가 없어진다. 다시 말해 각 통화와 XRP 사이의 환율만 제시하면 그만이다. 비주류 통화끼리의 환율은 XRP와의 환율을 바탕으로 교차 환율(cross rate)로 구하면 된다.

〔도표 6-7〕 리플넷에서 XRP의 역할

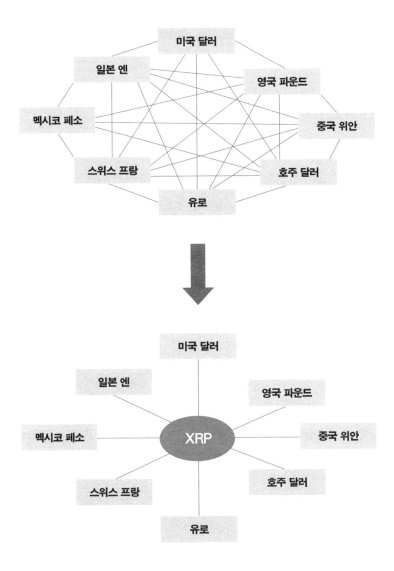

출처: 리플의 웹사이트 자료를 필자가 수정

리플넷을 활용한 국제 송금의 구체적인 사례 _____

리플넷을 활용한 국제 송금의 구체적인 사례를 제시하겠다. 상세한 시스템을 알고 싶은 독자는 이 부분을 읽어보기 바라며 그렇지 않은 독자는 건너뛰어도 상관없다.

● ●

미국 기업 X사는 유로권에 있는 Y사에 100유로를 송금해야 한다. X사는 미국의 A은행과, Y사는 유로권의 B은행과 거래하고 있다. A은행과 B은행은 리플넷의 네트워크로 연결되어 있다. 이 경우에 리플넷의 시스템을 활용한다면 X사에서 Y사로의 송금은 다음과 같이 이루어진다.

송금 준비 단계(도표 6-8)

① 먼저 X사가 거래 은행인 A은행에 송금을 의뢰한다.
② A은행과 B은행의 리플 커넥트가 송금인과 수취인의 데이터를 교환하고, 각 은행에서는 돈세탁용이거나 테러 자금이 아닌지 사전에 확인한다.
③ A은행의 리플 커넥트는 B은행에 이 송금의 수수료를 제시해달라고 요구한다. 또한 유동성 공급자(혹은 자기 은행의 외환 부문)에게도 외환 환율을 제시해달라고 요구한다.
④ A은행의 리플 커넥트는 B은행으로부터 수수료 금액을, 유동성 공급자로부터 환율을 각각 입수한다.

〔도표 6-8〕 리플넷을 활용한 국제 송금의 사례(송금 준비 단계)

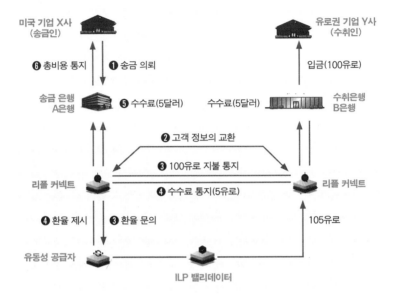

미국 기업 X사
(송금인)

❻ 총비용 통지 　❶ 송금 의뢰

송금 은행
A은행　❺ 수수료(5달러)

유로권 기업 Y사
(수취인)

입금(100유로)

수수료(5달러)　수취은행
B은행

❷ 고객 정보의 교환

❸ 100유로 지불 통지

리플 커넥트　❹ 수수료 통지(5유로)　리플 커넥트

❹ 환율 제시　❸ 환율 문의　105유로

유동성 공급자

ILP 밸리데이터

출처: 리플의 웹사이트 자료를 필자가 수정

⑤ A은행에서는 그것에 자기 은행의 수수료를 더해 송금의 총비용
(all-in cost)을 산출하고 X사에 통지한다. A은행의 수수료가 5달
러, B은행의 수수료가 5유로, 환율이 1유로당 1.1429달러라고
하면, 100유로를 송금하기 위해 X사가 지불해야 할 금액은 125달
러가 된다.

⑥ X사가 이 거래 조건을 받아들이면 송금이 개시된다.

⑦ 우선 A은행에서는 X사의 계좌에서 125달러를 인출하고 자기
은행의 수수료 5달러를 차감한 뒤, 리플 송금 계좌(ILP 장부의 잔액
을 반영하는 계좌)에 120달러를 입금한다.

〔도표 6-9〕 리플넷을 활용한 국제 송금의 사례(자금 이동 단계)

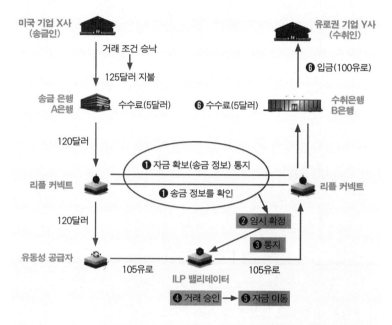

출처: 리플의 웹사이트 자료를 필자가 수정

자금 이동 단계(도표 6-9)

① A은행에서는 앞에서와 같이 리플 송금 계좌에 120달러의 송금
자금을 확보한 뒤에 B은행에 통지한다. B은행에서는 그 송금 정
보를 확인한다.

② 이 단계에서 리플 커넥트는 양쪽 상태를 '임시 확정(lock)'한다.

③ 리플 커넥트에서는 임시 확정한 정보를 리플넷의 네트워크로
전송하고, 거래 정보를 ILP 밸리데이터로 통지한다.

④ ILP 밸리데이터가 이 거래의 정당성을 확인하고 거래를 승인하
면, 이 거래는 확정된다.

⑤ 거래 승인에 의해 A은행의 장부와 B은행의 장부 간 결제(자금의 이동)가 실행된다. A은행, B은행, 유동성 공급자 사이의 자금 이동은 거의 동시에 순간적으로 이루어진다. 이로써 A은행과 B은행 사이의 결제 처리가 종료된다.

⑥ 이어서 B은행에서는 A은행 계좌에서 105유로를 인출하고(A은행이 B은행의 유로 계좌에 자금을 보유하는 경우), 자기 은행의 수수료 5유로를 차감한 뒤 Y사의 계좌에 100유로를 입금한다. 이런 과정을 거쳐 미국 기업 X사에서 유로권 기업 Y사로 100유로의 송금이 무사히 완료된다.

세계의 대형 은행들이 참가하기 시작 ─────────────

이와 같이 리플넷은 분산형 장부를 활용한 국제 송금 시스템으로 기존의 송금 방법에 비해 비용을 대폭 절감할 수 있다. 500달러를 송금할 때의 비용을 따져보면, 기존의 방법으로는 5.56달러인데 리플넷으로는 2.21달러밖에 되지 않아 약 60퍼센트의 비용 절감 효과가 있다.*

비용 절감이 가능한 이유로는 송금 과정의 STP** 화가 진행되어 수작업이 불필요해진 점, SWIFT의 메시지 송신 비용이 불필요해진 점, 거래를 순식간에 확인할 수 있어(instant confirmation) '노스트로 계좌

---

* 리플 웹사이트 참조.
** Straight Through Processing의 약자로 사람의 손을 거치지 않고 모든 공정을 전자적으로 처리하는 것을 뜻한다.

대조'*를 위한 비용이 불필요해졌다는 점 등을 들 수 있다.

또한 송금 시간도 대폭 단축되었다. 스페인의 대형 은행 BBVA의 사례에서는 지금까지 보통 4일이 걸렸던 스페인-멕시코 간 송금이 단 몇 초 만에 완료되었다고 한다.

처음에는 리플 프로젝트에 중소 은행밖에 참가하지 않았지만 2016년부터 대형 유력 은행들이 속속 참가하기 시작했고, 이에 따라 리플 프로젝트의 지명도가 급속히 높아졌다. 참가 은행 중에는 뱅크오브아메리카, 메릴린치, 스탠다드차타드, 바클레이스, 산탄데르, UBS, BBVA 등도 포함되어 있다. 또한 일본에서도 미쓰비시도쿄UFJ은행, 미즈호은행 등 대형 은행들이 참가한다(도표 6-10). 세계적으로 약 100개 은행이 리플 프로젝트에 참가 중이며, 그 가운에 75개 은행이 이미 리플넷을 활용하고 있다(2017년 8월 기준). 그리고 미쓰비시도쿄UFJ은행은 2018년 초부터 미국, 유럽, 호주의 6개 은행과 제휴해서 개인용 송금 서비스를 시작할 예정이다.

전 세계 대형 은행들이 리플 프로젝트에 잇따라 참가하면서 벌써 27개국에 걸쳐 송금이 가능해졌다. 리플 프로젝트에 참가한 은행 수(약 100개)는 SWIFT 네트워크에 참가한 은행 수(약 1만 1,000개)에 비하면 겨우 1퍼센트에 불과하지만, 리플 프로젝트는 앞으로 빠른 속도로 확장을 거듭할 가능성이 커 보인다. 최근에는 SWIFT도 리플 프로젝트를 라이벌로 의식하기 시작한 듯하다.

---

* 환거래 은행에 보유하는 자기 은행 계좌(노스트로 계좌)의 잔액을 확인하는 것이다.

〔도표 6-10〕 리플 프로젝트에 참가한 전 세계의 은행

출처: 리플 웹사이트 참조(2017년 8월 기준)

거래 조건의 표준화를 추진하다

리플넷을 이용하는 세계 주요 6개 은행은 2016년 9월 리플넷 자문
위원회(RippleNet Advisory Board)*라는 이용자 조직을 결성했다. 리플
넷이 제공하는 국제 송금을 위한 기술적 기반을 따라서 각 은행이 실
제로 도입할 때 은행들 사이의 개별 변수(거래 조건 등)를 사전에 유연
하게 정할 수 있다. 각 은행의 필요를 반영할 수 있다는 측면에서는
좋지만, 반면 당사자 간에 정해야 할 사항이 너무 많아 실용화에 걸
림돌이 된다는 목소리도 크다.

---

* 처음 설립했을 때는 GPSG(Global Payments Steering Group)라고 불렸지만, 그 후 명
  칭을 변경했다.

그 때문에 리플넷 자문 위원회에서는 수많은 은행이 정형화된 조건으로 리플넷에 참가할 수 있도록 표준적인 거래 조건(기본 프레임워크)을 책정하기로 했다. 리플넷 자문 위원회를 이끄는 은행은 뱅크오브아메리카, 메릴린치, 산탄데르, 우니크레디토, 스탠다드차타드 등 유럽과 미국의 대형 은행들인데, 2017년 3월부터 미쓰비시도쿄UFJ 은행도 이 위원회에 참가했다. 리플넷 자문 위원회가 표준 조건을 만든다면 리플넷에 참가하기가 쉬워져 보다 많은 은행의 동참이 확대될 것으로 기대된다.

3

일본에서 리플 프로젝트가
전개되는 상황

리플넷을 도입하려는 움직임이 전 세계적으로 진행되는 가운데, 일
본에서도 리플의 시스템을 이용해 해외 송금과 국내 송금을 모두 처
리하려는 '내외환 일원화 컨소시엄' 구상이 등장했다.

내외환 일원화 컨소시엄의 출범

일본에서 내외환 일원화 컨소시엄의 움직임을 주도적으로 이끄는 곳
은 리플과 SBI홀딩스의 합작회사인 SBI리플아시아 주식회사이다.
블록체인 기술에 대한 지방 은행 등의 관심이 높아짐에 따라, 이 컨
소시엄에는 이미 61개나 되는 금융기관이 참가하고 있다(2017년 8월

〔도표 6-11〕 내외환 일원화 컨소시업에 참가하는 61개 은행

게이요은행, 군마은행, 나고야은행, 노무라신탁은행, 농림중앙금고, 니시닛폰씨티은행, 다이시은행, 다이와넥스트은행, 도와은행, 도치기은행, 도쿄스타은행, 도호은행, 류큐은행, 리소나은행, 무사시노은행, 미쓰비시UFJ신탁은행, 미쓰비시도쿄UFJ은행, 미쓰이스미토모신탁은행, 미쓰이스미토모은행, 미즈호파이낸셜그룹, 미치노쿠은행, 사가은행, 산인합동은행, 상공조합중앙금고, 세븐은행, 소니은행, 스루가은행, 스미신SBI넷은행, 시미즈은행, 시치주시치은행, 시코쿠은행, 신세이은행, 신킨중앙금고, 쓰쿠바은행, 아시카가은행, 아오모리은행, 아와은행, 아키타은행, 야마가타은행, 야마구치은행, 야치요은행, 에히메은행, 오릭스은행, 오이타은행, 오키나와은행, 요코하마은행, 유초은행, 이온은행, 이와테은행, 이요은행, 이케다센슈은행, 주고쿠은행, 주로쿠은행, 지바은행, 지바흥업은행, 하치주니은행, 햐쿠고은행, 호쿠리쿠은행, 호쿠요은행, 후쿠이은행, 히로시마은행

출처: SBI리플아시아 주식회사(2017년 8월 기준)

기준). 참가 업태는 시중은행(미쓰비시도쿄UFJ은행, 미즈호파이낸셜그룹, 미쓰이스미토모은행, 리소나은행 등), 지방은행(요코하마은행, 지바은행 등), 인터넷 전문 은행(스미신SBI넷은행, 소니은행 등), 신탁은행(미쓰이스미토모신탁은행, 노무라신탁은행 등), 제2지방은행(도쿄스타은행, 게이요은행 등), 신용금고(신킨중앙금고), 일본우정의 은행(유초은행) 등 다방면에 걸쳐 있다(도표 6-11).

이 컨소시업은 2016년 10월에 발족한 뒤, 리플의 시스템을 활용한 송금의 실증실험을 2017년 3월까지 실시해 성공을 거두었다.

내외환 일원화 컨소시엄의 실증실험 내용 _____

이 컨소시엄의 실증실험에는 다음과 같은 특징이 있다.

국내 송금도 대상

해외의 리플넷 참가 은행은 국제 송금에 초점을 맞추고 리플넷을 이용하는 데 비해, 이 컨소시엄은 국내 송금까지 대상에 넣고 검토한다는 것이 특징이다. 그래서 컨소시엄의 명칭이 '내외환 일원화'이다.

컨소시엄이 내외환 일원화를 지향하는 이유는 리플의 시스템을 활용하면 국내 송금과 국제 송금을 동일한 방식으로 실행할 수 있어서다. 이는 참가 은행들이 이전부터 국내 송금을 취급해온 전국 은행 데이터통신 시스템의 편리성, 이용 시간, 비용 등에 관해 충분히 만족하지 못했다는 방증이기도 하다.

일본 내 송금에 관해서는 개인의 소액 송금을 중심으로 삼아, 스마트폰이나 컴퓨터에서 송금 지시를 받고 리플 시스템에 의해 송금을 해나갈 계획이다. 그리고 리플의 분산형 장부 시스템을 활용함으로써 내외환 일원화, 송금의 24시간화·실시간화, 비용 절감 등을 실현하는 것이 목표다.

이 중에서 실시간화에 관해서는 은행 간 송금을 '약 1초 만에 완료한다'는 목표를 내걸었다. 그리고 송금 비용은 SBI리플아시아가 구체적인 수수료를 밝히지 않았지만 기존 송금 비용의 10분의 1 이하로 줄이는 것 또한 목표라고 언급했다.

〔도표 6-12〕 RC클라우드의 개요

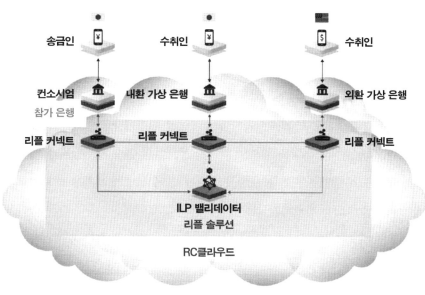

출처: SBI리플아시아 주식회사

RC클라우드 구축

이 컨소시엄은 실증실험에 참가하는 각 은행의 도입 부담을 줄이기 위해 'RC클라우드'를 구축했다. 리플 시스템의 결제 기반(리플 솔루션) 을 클라우드상에 실현한 것으로 세계 최초의 시도다(도표 6-12).

실증실험에서는 참가 은행이 리플의 시스템을 이용해 클라우드상에 만들어진 가상 은행(내환 가상 은행과 외환 가상 은행)과 외화 국제 송금이나 엔화 국내 송금을 실제로 해보는 실험을 실시했다.* 그 결과, 리플 시스템의 송금 기능이 제대로 작동하는 것을 확인할 수 있었다.

---

* 그 후 참가 은행끼리의 송금에 관해서도 실증실험을 실시했다.

공통 게이트웨이, 송금 앱의 구축

실증실험을 진행하는 중에 리플의 네트워크 환경과 각 금융기관의 코어뱅킹 시스템과의 접속이 새로운 과제로 떠올랐다. 그래서 이 컨소시엄에서는 '공통 게이트웨이(GW)'의 구축에 착수했다. 이는 리플의 RC클라우드와 각 금융기관의 코어뱅킹 시스템을 접속하기 위한 공통 기반이며, 다양한 접속 방법이 마련될 예정이다. GW가 구축되면 각 금융기관이 개별적으로 RC클라우드와의 접속 방법을 검토하거나 코어뱅킹 시스템을 수정할 필요가 없어지고, 각 은행은 리플의 시스템에 더욱 간편하게 접근할 수 있다.

또한 컨소시엄은 고객에게 리플 시스템을 활용한 송금 서비스를 제공하기 위해 스마트폰에 설치할 수 있는 공통의 '송금 앱'을 개발할 방침이다. 각 은행의 사이트에서 개별적으로 서비스를 제공하는 방식보다는 공통의 송금 앱에 의해 각 은행의 송금 서비스에 접속하도록 하는 방식이 고객에게도 편리하고 기존 송금과의 차별점도 쉽게 알릴 수 있어서다.

일본에서 촉발된 움직임

현재까지 리플 시스템에 관해 한 나라에서 이처럼 대규모 이용자 그룹을 형성해서 실증실험에 나선 곳은 전 세계적으로 일본의 내외환 일원화 컨소시엄뿐이다. 이 프로젝트는 리플 본사에서도 주목하고 있으며, 어떤 의미에서는 세계의 움직임을 이끌고 있다.

실증실험에서 실용화로 _____

실용화를 향한 발전

이 컨소시엄은 리플 시스템을 실증실험에서 실용화(상용화) 단계로 발전시키려고 한다. 처음에는 5개 은행 정도로 시작해서 참가 은행을 서서히 확대해 몇 년 이내에 약 40개 은행으로 늘릴 계획이다(도표 6-13).

세계 각국에서 블록체인에 대해 수많은 실증실험이 이루어지고 있지만 실제로 실용화에 이른 사례는 아직 적다. 내외환 일원화 컨소시엄에서 실용화에 성공한다면 가상화폐를 제외한 블록체인 도입 사례로서는 전 세계적으로도 가장 빠른 실용화 사례 중 하나가 될 것이다. 물론 일본에서도 최초의 블록체인 실용화 사례다.

〔도표 6-13〕 **실용화를 향한 로드맵***

* 2017년 8월 시점의 계획이다.

출처: SBI리플아시아 주식회사

앞으로의 해결 과제

다만 앞으로 해결해야 할 과제가 없는 것은 아니다.

첫째, 참가 은행을 확대하는 문제다. 결제 업무는 네트워크 산업이라 송금을 하는 쪽과 송금을 받는 쪽이 같은 네트워크에 참가하지 않으면 송금을 할 수 없다. 리플 시스템을 통한 송금도 마찬가지다. 리플 시스템에 대응할 수 있는 은행끼리만 송금이 가능하다. 국제 송금시 리플 시스템을 도입한 해외 은행에는 리플 시스템으로 송금할 수있지만, 그 외의 은행에는 기존 방식대로 SWIFT를 활용하고 환거래 은행을 경유해서 송금할 수밖에 없다. 자칫 국제 송금 사업이 이원화될 수도 있다.

또한 국내 송금도 이와 상황이 비슷하다. 일본 국내에서도 리플 시스템으로 모든 은행에 송금할 수 없어서 기존의 전국 은행 데이터통신 시스템*과 리플 시스템을 필요에 따라 구분해서 활용해야 한다. 이 때문에 앞으로 참가 은행을 어떻게 늘릴 것인지가 이 프로젝트의 성공 여부를 판가름할 열쇠다.

둘째, 자금 결제의 문제다. 리플의 모델에서는 참가 은행과 유동성 공급자(허브 은행)가 두 은행 사이에서 직접 자금 결제를 해야 한다. 따라서 특히 국내 결제의 경우**에는 서로의 계좌를 보유하거나, 허브

---

* 전국 은행 데이터통신 시스템에는 약 1,300개 금융기관이 참가한다. 시중은행부터 농업협동조합까지 일본의 금융기관을 거의 망라한 네트워크를 형성하고 있다.
** 국제 송금에서는 이미 거래 관계가 있는 환거래 은행과는 서로 환거래 계좌를 개설해놓은 경우가 많다.

은행이 수많은 참가 은행에 계좌를 개설해서 대응할 필요가 있다. 전자는 참가 은행이 많아지면 한계에 부딪치고, 후자는 수많은 계좌를 관리하는 사무의 부담이 허브 은행에만 집중될 가능성이 있다. 어느 방식을 취하더라도 중앙 청산(central clearing)* 방식에 비하면 번거롭고, 자금 결제의 효율성이 떨어질 가능성이 있다. 이러한 과제에 관해서도 앞으로 충분히 검토할 필요가 있다.

셋째, 중장기적으로 봤을 때 앞으로 컨소시엄에 참가하는 은행이 더욱 늘어나면 결제 네트워크로서의 공공적인 성격이 나타날 것이다. 현재는 컨소시엄에 임의로 참가하도록 되어 있는데, 컨소시엄의 공공적인 성격이 강해지면 참가 은행들의 협력하에 제대로 된 거버넌스를 정비해나갈 필요도 있을 것이다.

---

* 청산 기관을 통해 네팅(netting), 즉 각 송금의 차액 계산을 하고 차액을 지불하는 것을 뜻한다.

7장

증권 결제에서 유망한 블록체인의 응용

After
Bitcoin

금융 업무에서 **블록체인**(분산형 장부 기술)**의 응용처**로서,
또 다른 **유망 분야가 증권 결제**다.
증권 결제는 증권(주식이나 채권 등) 거래를 한 뒤에
청산(양도하는 증권과 자금의 금액을 확정하는 것)이나
결제(증권 인도와 자금 지급) 등을 하는 과정이며,
거래(trade)가 이루어진 후에 처리하는 과정이라
포스트트레이드(post-trade) 분야라고도 한다.
증권시장에서는 주식 거래만 따져봐도 **전 세계에서**
연간 8경 6000조 원이라는 거액의 거래가 이루어지고,
그 청산이나 결제에 소요되는 시간과 노력은 실로 막대하다.
이 부분에서 블록체인으로 혁명을 일으킨다면
그 사회적 파장은 어마어마할 것이다.
그래서 세계 주요 증권거래소와 증권사들 사이에서
블록체인 이용의 주도권을 잡으려는 경쟁이 이미 시작되었다.

1
중앙집권형의
복잡한 현행 증권 결제

현행 증권 결제는 매우 복잡한 과정으로 이루어진다. 이는 기관투자가, 증권사, 커스터디안(custodian)* 등의 다양한 당사자가 관여하고, 거래 대조(trade matching), 청산(clearing), 결제(settlement) 등 여러 단계로 처리해야 하기 때문이다. 따라서 블록체인(분산형 장부 기술)을 활용하면 복잡한 과정을 효율화하고, 증권 결제에 드는 비용을 대폭 절감할 수 있을 것이다.

지금까지의 증권 결제에서는 증권 결제 기관(CSD)**이 전자적인 장부를 보유하고 각 시장 참가자의 증권 보유 잔액을 시스템으로 관리

---

* 투자가 대신에 유가증권의 관리(custody)를 하는 기관이다.
** Central Securities Depository의 약자다.

〔도표 7-1〕 증권 결제에서 중앙형 장부와 분산형 장부

❶ 중앙형 장부에 의한 집중 관리

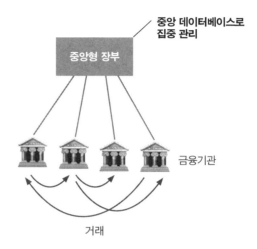

**중앙 데이터베이스로
집중 관리**

중앙형 장부

금융기관

거래

❷ 블록체인을 활용한 분산적 관리

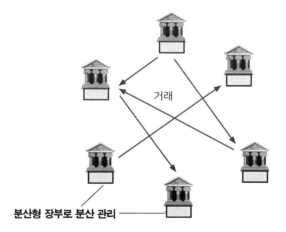

거래

분산형 장부로 분산 관리

하는 '중앙형 장부에 의한 집중 관리'로 증권 양도와 잔액 관리를 해왔다(도표 7-1의 ①). 그런데 블록체인을 활용해서 시장 참가자가 분산형 장부에 의해 분산적으로 잔액을 관리하는 체제로 이행하면(도표 7-1의 ②) 결제에 소요되는 시간을 단축하고 다양한 비용을 절감할 수 있을 것이다. 이러한 기대를 배경으로 각국의 증권업계에서는 여러 가지 검토와 실증실험에 나서고 있다.

2

세계 각국의
실증실험 프로젝트

여기에서는 증권 결제 분야에서 이루어지고 있는 실증실험 가운데 대표적인 것을 살펴보겠다.

미국 나스닥의 미공개주 거래 프로젝트

나스닥 링크에 의한 미공개주 거래

증권 결제 분야에서 블록체인을 활용하는 데 가장 앞서 나가고 있는 곳은 미국에서 벤처기업을 위한 주식시장을 운영하는 나스닥(NASDAQ)이다. 나스닥은 이미 2015년 12월부터 분산형 장부 기술을 활용한 시범 프로젝트를 가동했다. 이 프로젝트의 명칭은 '나스닥 링크

(Nasdaq Linq)'며, 그 대상은 미공개 기업의 주식(미상장주)이다.

나스닥 링크는 지금까지 시스템화되지 않았던 미공개주를 분산형 장부에 기록하는 형태로 발행과 매매를 할 수 있게 만들었다. 이로써 지금까지 대부분을 수작업에 의존했던 미공개주의 신규 발행과 매매 과정에서 현물 증권을 발행할 필요가 없어지고 결제 시간도 대폭 단축되는 등 상당한 합리화가 이루어졌고, 리스크 절감 효과도 커졌다.

이 시범 프로젝트는 스타트업 기업인 체인(Chain)이 개발한 체인 코어(Chain Core)라는 블록체인 기술을 활용한다(체인은 나스닥이 출자한 기업이다). 체인 코어에서는 컬러드 코인(colored coin, 색깔 코인)이라는 수법을 사용한다. 컬러드 코인은 비트코인에 자산(asset)에 관한 정보를 추가함으로써 다양한 자산(주식, 채권, 귀금속 등)을 소량의 비트코인과 함께 이동시키는 수법이다. 비트코인에 '색(정보)'을 입힘으로써 여러 가지 자산을 표현하고 이전할 수 있어서 '컬러드 코인'이라고 부른다.

비트코인에는 거래에 필요한 데이터(송금액이나 송신처 등)를 기입하는 공간(레이어) 외에 부가 정보를 기입할 수 있는 공간(레이어)이 있다. 컬러드 코인의 이러한 공간에 자산 데이터를 싣고 상대방에게 보냄으로써 자산을 이동시킬 수 있다. 기본적으로 비트코인의 송금 구조를 이용하므로, 자산을 이동시키기 위해서는 소액의 비트코인(0.000001BTC 등)을 실제로 보내야 한다(도표 7-2).

또한 이처럼 블록체인이 표준적으로 갖춘 데이터의 여백 영역에 독자적인 자산을 싣고 유통시키기 위한 기술을 일반적으로 오픈 애

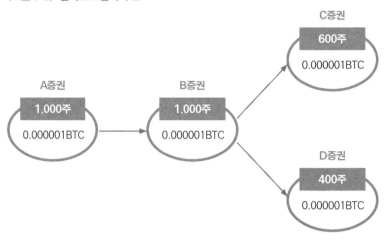

셋 프로토콜(open asset protocol)이라고 한다.

미국 골드만삭스의 특허 출원

미국의 대형 투자은행인 골드만삭스에서도 역시 결제용 코인을 활용해 증권 결제를 하는 시스템인 '증권 결제를 위한 암호화폐'를 고안하고 2015년 특허를 출원했다.

이 시스템은 기본적으로 컬러드 코인의 수법을 채용하며, 'SETL 코인(SETLcoin)*'이라는 결제용 코인을 통해 증권 거래에 따른 주식 양도와 자금 지급을 한다. SETL코인의 플랫폼에서 주식 매도자와 매수자가 서로 SETL코인을 주고받는 것이다. 예를 들어 매도자는

---

* 결제를 뜻하는 settlement와 코인을 뜻하는 coin을 조합한 단어다.

IBM 주식을 나타내는 'IBM-SETL코인'이나 구글 주식을 나타내는 'GOOG-SETL코인'을 매수자에게 보냄으로써 주식을 인도한다. 한편 미국 달러를 나타내는 'USD-SETL코인'을 주식 매수자가 매도자에게 건네줌으로써 자금 결제가 이루어진다. 이처럼 주식이나 자금을 모두 코인의 형태로 분산형 장부의 네트워크상에서 주고받으면 증권 결제에 소요되는 기간이 단축될 뿐 아니라 비용도 극적으로 절감된다.

이 구상은 컬러드 코인을 활용해 증권이나 자금을 주고받기 때문에 앞에서 설명한 나스닥 링크와 매우 닮았다고 할 수 있다. 골드만삭스는 마침내 2017년 7월 미국특허청으로부터 이에 대한 특허를 인정받았다.

그 외에도 뱅크오브아메리카가 2017년 8월까지 블록체인 기술에 관한 30건 이상의 특허를 출원했다. 그중 18건은 2016년에, 9건은 2017년에 출원한 것으로 알려졌다. 미국에서만 블록체인에 관한 특허 신청 건수가 무려 200건 이상으로, 가히 특허 전쟁이라 할 만한 치열한 경쟁이 일찌감치 시작된 느낌이다.

이처럼 증권업계에서는 결제 코인의 개념으로 증권 결제를 하려는 시도가 확산되고 있다. 또한 기술 확보를 위한 특허 출원의 움직임이 활발하다는 점에도 주목해야 한다.

전자 의결권 행사 서비스

나스닥은 실증실험 외에도 동유럽의 소국 에스토니아에서 탈린증권

거래소 및 에스토니아 증권 결제 기관(ECSD)과 공동으로* 프로젝트를 추진하고 있다. 이 프로젝트는 블록체인 기술을 활용해 상장 기업의 '전자 의결권 행사(e-voting)' 시스템을 개발하는 것이 목표다. 주주총회에서는 주주가 배당이나 이사 선임 등의 의안에 대해 찬부를 표명하는 의결권 행사를 해야 한다. 그러나 의결권 행사를 하기까지의 과정은 매우 복잡하다. 명의 주주(신탁은행)와 실질 주주(기관투자가)가 달라 관계 당사자가 많고 여러 단계에 걸친 처리 절차가 필요해져서 일손과 시간이 크게 소요된다. 에스토니아의 프로젝트는 이런 복잡한 과정에 분산형 장부 기술을 이용함으로써, 관계 당사자들이 동시에 같은 정보를 공유하면서 전자적이고 즉각적으로 의결권 행사를 할 수 있도록 한다.

블록체인을 도입하기로 한 호주증권거래소 _____

나스닥이 지금까지 시스템화되지 않았던 미공개주 업무에 블록체인을 도입하려고 하는 데 비해, 호주증권거래소(ASX)는 핵심 업무인 상장 주식의 청산·결제 업무에 블록체인을 이용하려고 한다. 2016년 1월 ASX는 주식의 청산·결제를 수행하는 핵심 시스템인 CHESS와 관련해, 차기 시스템 변경 시에 블록체인 기술을 도입하겠다고 공표

---

* 이 두 기업은 이미 나스닥에서 매수했다.

했다. 이를 위해 ASX는 미국 기업 디지털 애셋(Digital Asset)을 기술적 파트너로 선정했다(디지털 애셋에 8.5퍼센트의 출자도 실시했다). 그리고 업무 관계자와의 협의를 통해 프로토타입까지 제작했다.

세계의 증권거래소 가운데 상장 기업의 결제 같은 핵심 업무에 블록체인의 도입을 표명한 곳은 현재로서는 ASX뿐이다. 아직 상세한 사항은 알려지지 않았지만 이것이 실현된다면 세계 최초로 상장 주식의 청산·결제에 블록체인을 본격적으로 활용하는 사례가 될 것이다.

본격적인 실증실험을 시행한 일본거래소그룹 _____

도쿄증권거래소와 오사카거래소를 산하에 둔 일본거래소그룹(JPX)에서도 2016년 블록체인(분산형 장부 기술)을 증권 결제에 응용하기 위한 본격적인 실증실험을 시행했다.

실증실험의 파트너는 일본IBM, 노무라종합연구소, 커런시포트다. 일본IBM과는 하이퍼레저 패브릭을 사용해서, 노무라종합연구소 등과는 이더리움계 블록체인을 사용해서 실증실험을 했다. 모든 실증실험에는 일본 금융기관 6개사[*]가 참가했다. 실증실험의 보고서[**]를 바탕으로 그 내용을 살펴보자.

---

[*] 노무라증권, 미즈호증권, 모넥스증권, SBI증권, 미쓰비시도쿄UFJ은행, 증권보관이체기구 등 6개사가 실증실험에 참가했다.
[**] JPX(2016).

폐쇄형의 분산형 장부 기술을 채용

이 실증실험에서는 특정 참가자만 참가할 수 있는 '폐쇄형(또는 허가형)'*의 분산형 장부 기술을 이용했다.**

폐쇄형을 채용한 이유로서는 JPX에서 대량의 증권 거래를 안정적으로 처리하기 위해서는 높은 '단위 시간당 처리 능력(throughput)'이 필요한 점, 그러려면 실용적 비잔티움 장애 허용을 토대로 한 고속의 합의 알고리즘이 필요한 점, 보안성을 확보하기 위해서는 신뢰할 수 있는 참가자만이 인증 처리를 하도록 허가형이 필요한 점, 거래 당사자만이 거래 데이터를 알 수 있도록 하는 한편으로 시장 관리자는 모든 정보를 파악하고 권리 이전을 증명하는 형태로 계층적인 정보 제어를 해야 하는 점, 복잡한 처리를 가능하게 하기 위해 스마트 계약(smart contract)이 필수인 점 등을 들 수 있다.

거래 과정을 자동화하는 스마트 계약과 그 한계

바로 앞에서 언급한 스마트 계약에 관해 설명하도록 하겠다. 스마트 계약은 프로그램화해서 자동으로 실행할 수 있는 계약을 말한다.

스마트 계약의 기본은 집행 조건과 계약 내용을 미리 정의한 뒤에 프로그램화해두고, 집행 조건에 합치하는 이벤트가 발생한 경우에는 계약이 자동으로 집행되도록 하는 것이다. 계약을 기반으로 처리 방

---

* 공개형 블록체인과 폐쇄형 블록체인의 차이는 3장을 참조하길 바란다.
** JPX에서는 이를 '컨소시엄형'이라고 부른다.

법을 자동화해두는 시스템이라고 할 수 있다. 스마트 계약은 분산형 장부 기술과 잘 어울린다. 분산형 장부상에 스마트 계약을 담아두면, 이벤트가 발생했을 때 분산형 장부상에서 거래(자금 지불이나 담보 이동 등)를 자동으로 실행시킬 수 있다.

스마트 계약의 가장 단순한 사례로는 자동판매기가 있다. 이용자가 '필요한 금액을 투입하기'와 '특정 음료의 버튼을 누르기'라는 두 가지 조건을 만족시키면, 자동으로 '특정 음료를 제공한다'는 계약이 실행된다. 이용자의 의사를 새삼 확인해서 계약을 맺을 필요 없이 그저 미리 정해진(프로그램된) 계약대로 음료 제공을 자동으로 실행할 뿐이다.

금융계에서 스마트 계약을 이용하는 대표적인 금융 상품으로는 스마트 채권(smart bond)이 있다. 이는 발행할 때 이자 지급일, 상환일, 금액, 지불 방법 등을 미리 프로그램해두고, 기일이 되면 정해진 지불이 분산형 장부에서 자동으로 실행되도록 한 채권이다.

스마트 계약에 관해서는 자동 집행을 통해 무엇이든 가능하다는 식의 장밋빛 전망만 넘쳐나는 경향이 있는데, 사실 주의해야 할 점도 있다. 사전에 모든 경우와 요건을 정해두기가 불가능한 한계가 있고, 자동 집행 시스템을 악용해서 부정한 거래를 할 가능성이 있다. 전자의 예로는 시장 변화 등에 따라 당초에 상정하지 못했던 사태가 발생하는 것을 들 수 있다. 또한 후자의 예로는 실제로 투자 펀드 다오(The DAO)가 해킹을 당하는 사건(2장 참조)에서 스마트 계약이 악용되어 거액의 가상화폐가 도난당한 것을 들 수 있다.

스마트 계약을 실용화하려면 이러한 한계와 예기치 못한 사태 발생 가능성에 어떻게 대비해야 할지도 충분히 고민할 필요가 있다. 그러나 스마트 계약을 활용하면 자동 처리에 의해 무엇이든 할 수 있다는 식의 자신감 넘치는 주장이 세력을 넓히는 듯하다. 스마트 계약에 대한 기대감이 앞서면 그 기능을 과대평가하는 경향이 있으므로 주의가 필요하다.

JPX의 실증실험, 개요와 평가

이야기를 JPX의 실증실험으로 돌리겠다. 이 실증실험의 환경은 클라우드상에 구축했고, 노드는 필요한 최소한의 수로 억제했다. 증권거래소, 청산 기관, 증권 이체 기관을 시장 관리자로 두었고, 거래 인증 처리는 시장 관리자와 시장 참가자만 하도록 했다.

증권 양도에 관해서는 분산형 장부상에서 증권 잔액의 기록이 수정되는 시점에 이체 처리(결제)가 이루어진다고 간주했다. 또한 자금 결제에 관해서는 분산형 장부상에 '토큰'의 이전으로 기록한 뒤에 외부의 자금 결제 시스템과 연계시키기로 했다. 즉, 분산형 장부에서는 토큰을 활용한 임시 처리(수납액과 지불액의 차액을 계산하는 것과 가까운 개념)만 해놓고, 최종적인 자금 결제는 그 차액을 기존의 자금 결제 시스템(중앙은행이 운영하는 결제 시스템)에 통지해 수행하는 것으로 상정했다. 그리고 분산형 장부상에서 투자가마다 계좌 정보를 등록할 수 있게 함으로써 (금융기관 명의가 아닌) 투자가 단위로 보유자 정보를 즉각 갱신할 수 있도록 했다.

이 실증실험에 대해 JPX는 '분산형 장부 기술을 증권 결제 분야에 적용해본 바, 새로운 비즈니스의 창출, 업무의 효율화, 비용 절감 등을 가져다줄 가능성이 높아 보인다. 이 실험을 통해 분산형 장부 기술이 금융 비즈니스의 구조를 크게 변혁할 것임을 깨달을 수 있었다'라고 종합적인 평가를 내리면서 분산형 장부 기술을 추켜세웠다. JPX는 2017년에도 30곳 이상의 금융기관이 참가한 가운데, '업계 연대형 DLT 실증실험'이라는 이름으로 더욱 범위를 확대한 다음 단계의 실증실험을 시행했다.

홍콩증권거래소는 미공개주 시장을 개설

홍콩증권거래소(HKEX)는 2017년 8월 블록체인을 활용한 미공개주 시장을 개설하겠다는 계획을 밝혔다. 이 시장은 홍콩 미공개주 시장 (HKEX Private Market)이라는 이름하에 상장하지 못한 신흥 기업이 자금을 조달할 수 있는 장소로 마련되어, 블록체인을 활용함으로써 전자적이고 효율적인 거래와 결제가 가능하도록 할 것이다.

이 시장의 개설은 2018년 중반으로 예정되어 있다. 홍콩증권거래소는 2016년 가을 이후 미국 나스닥에서 분산형 장부 기술을 전수받았다. 아마도 이 프로젝트는 나스닥의 영향을 강하게 받은 것으로 추측된다. 따라서 이 시장은 앞에서 설명한 나스닥 링크 방식과 유사할 것으로 보인다.

스위스증권거래소는 기업 행위에도 활용 ──────

스위스증권거래소(SIX)는 2017년 8월 블록체인 기술을 이용한 기업 행위(corporate action)의 통지 서비스를 제공하는 계획을 발표했다. 기업 행위란 주식의 가치에 영향을 끼치는 기업의 의사 결정과 행동을 가리킨다. 배당, 주식 분할, 주식 병합, 주식 교환, 제3자 할당 증자 등이 이에 해당하며, 그 내용에 따라서는 투자가의 대응(권리 행사)이 필요하다.

기업 행위의 통지는 이전부터 매우 비효율적인 과정으로 이루어져서 문제시되었다. 그 배경에는 첫째로 주식 발행 회사, 증권거래소, 증권 결제 기관, 커스터디안, 증권사, 기관투자가 등 관계 당사자가 많은 점, 둘째로 '주식 발행 회사 → 증권거래소 → 커스터디안 → 기관투자가'의 형태로 정보가 여러 단계를 거친다는 점, 셋째로 정보 교환이 관계자마다 독자적인 방식으로 이루어지기 때문에 데이터에 자동으로 접속하지 못하고 도중에 수작업이 필요해진다는 점 등의 요인이 존재한다.

이번 SIX의 프로젝트는 MVP(Minimum Viable Product)라고 불리는데, 블록체인 기술을 활용해 모든 관계자가 동시에 동일한 정보를 공유함으로써 기업 행위 통지의 자동화·효율화를 꾀한다. 분산형 장부 기술은 수많은 당사자가 동시에 같은 정보를 공유할 수 있으므로 이러한 처리에 적합하다.

홍콩증권거래소와 마찬가지로 SIX의 블록체인 도입 배후에는 미국의 나스닥이 존재한다. SIX는 나스닥과 10년 동안에 걸친 기술 지원 계약을 체결했고, 이에 따라 나스닥으로부터 제공받은 기술로 MVP를 추진하는 것으로 보인다. 나스닥은 블록체인 등을 연구하는 핀테크(FinTech) 기업에 적극적으로 투자해서 획득한 기술을 다른 시장에 컨설팅 형태로 판매하는 전략을 취한다. 나스닥은 앞으로도 증권계에서 블록체인을 보급하는 배후 조정자로서의 역할을 다할 것으로 예상된다.

블록체인 실증실험의 확산

증권계에서는 이외에도 다양한 블록체인 실증실험이 잇따라 전개되고 있다. 지금까지 블록체인을 활용한 실증실험을 실시하거나, 혹은 프로토타입을 작성하는 등의 프로젝트 등에 나선 증권거래소는 런던증권거래소, 독일거래소, 이탈리아증권거래소, 룩셈부르크증권거래소, 토론토증권거래소, 한국거래소, 인도국립증권거래소, 모스크바증권거래소 등 헤아릴 수 없을 만큼 많다. 세계의 증권거래소들이 너나 없이 블록체인의 가능성에 주목하고 있고, 최신 기술을 확인하기 위해 경쟁적으로 움직이는 상황이다.

3

증권 결제에 적용할 때
고려해야 할 점

증권 결제에 블록체인을 응용하기 위해 수많은 시장에서 실증실험
이 이루어지고 있는데, 실제로 증권 결제에 분산형 장부 기술을 응용
하려면 검토해야 할 점이 몇 가지 있다. 증권 결제를 오랫동안 연구
해온 필자의 견해로는 결제 완료성의 확보, 증권과 자금의 동시 결제
실현, 네팅(netting) 기능의 유지, 대체 비용(replacement cost)에 대한
배려 등이 중요한 논점으로 보인다. 여기에서는 이러한 논점에 관해
살펴보겠다.

결제 완료성을 확보할 수 있는가? ────────────

우선 블록체인을 활용한 증권 결제에서 결제 완료성을 확보할 수 있는지가 중요한 과제다. 증권 결제에서는 증권 양도와 자금 지불이 일정 시점에서 결제 완료성을 지님으로써 더 이상 취소할 수 없으며 최종적으로 결제가 끝나는 상태가 중요하다. 증권은 1초가 멀다 하고 빈번히 매매되고 소유자가 이리저리 바뀌기 때문에, 나중이 되어서야 '사실 그때 그 결제는 무효였다'라거나 '이전의 매매가 갑자기 취소되었다'라고 말하는 사태가 발생하면 시장은 커다란 혼란에 빠지고 말 것이다.

사실 공개형 블록체인(비트코인 등)에서는 권리 이전의 타이밍을 명확히 정의할 수 없다. 예를 들어 비트코인의 경우에는 어느 블록이 만들어진 후에 3~6개의 새로운 블록이 추가되는 시점에서 데이터가 조작될 가능성이 거의 사라진다고 한다. 그렇다고 해서 그것이 결제 완료성을 확보한 것이라고는 말할 수 없다. 왜냐하면 다음 3~6개의 블록 가운데 어느 시점에서 거래가 최종적으로 확정되는지 알 수 없기 때문이다. 어디까지나 조작될 가능성이 거의 없다는 확률적인 문제로만 논의될 뿐이다. 따라서 공개형 블록체인(비트코인 등)의 거래에서 결제 완료성은 불안정하다(비트코인에는 결제 완료성이 없다는 견해도 유력하다).

이에 비해 폐쇄형 블록체인을 채용하는 동시에 실용적 비잔티움 장애 허용을 기반으로 삼은 합의 방법을 갖추고, 일정 비율 이상의 검증 노드가 합의한 시점에서 거래를 승인한다는(그 시점에서 결제 완료성을 부여함) 규칙을 정해두면, 결제 완료의 시기는 명확해지고 이와 더불어 결제 완료성 문제도 해결된다. 앞에서 언급한 JPX의 보고서도 '결제 완료성 문제는 합의 알고리즘을 통해 해결할 수 있다'면서 이 점을 지적했다.

증권과 자금의 동시 결제는 필수 ─────────

또 다른 과제는 증권과 자금의 동시 결제인 DVP* 결제를 실현하는 것이다. DVP 결제는 증권 인도(delivery)와 대금 지불(payment)을 한 세트로 묶어 실행하는 시스템을 말한다(도표 7-3). DVP 결제 덕분에 증권을 인도했는데 대금을 못 받거나 대금을 지불했는데 증권을 못 받는 사태를 피할 수 있다.

DVP 결제는 원금 리스크(거래액 전체를 손실하는 리스크)의 발생을 막는 데 매우 중요한 시스템이다. 따라서 '금융시장 인프라를 위한 원칙'** 등의 세계 표준에서도 DVP 채용을 강력히 권고하고, 해외 여러 나라에서도 기본적으로 증권 결제는 DVP 결제로 이루어진다. 일본에서도 국채, 주식, 회사채, 지방채, 어음 등의 주요 증권은 모두 DVP

---

* Delivery Versus Payment의 약자다.
** BIS(2012).

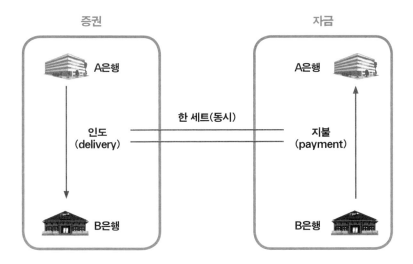

출처: 나카지마·슈쿠와(2008)

로 결제한다.

분산형 장부 기술의 도입으로 비용을 절감했다고 하더라도 그에 따라 DVP 결제를 할 수 없게 되고 결제 리스크가 높아진다면, 분산형 장부 기술을 도입 안 하느니만 못할 것이다. 그러므로 증권 결제에 분산형 장부 기술을 도입할 때는 DVP 결제 능력을 확보하는 것이 리스크 대책으로서 필수적인 조건이다.

그렇다면 분산형 장부 기술에 의해 증권을 인도한 경우에 어떻게 DVP 결제를 실현하면 좋을까? 기존의 결제 인프라와 연계, 민간 결제 코인의 활용, 중앙은행 디지털화폐의 활용 등 세 가지 방법을 생각해볼 수 있다.

기존의 결제 인프라와 연계

우선 분산형 장부의 환경과 기존의 결제 인프라를 연계함으로써 증권 양도와 자금 지급을 한 세트로 실행하는 방식이 있다. 이 방식에서는 분산형 장부로 A은행에서 B은행에 증권을 인도한다. 이 단계에서 증권 이체는 아직 잠정적인 상태로 남기고(또는 에스크로 계좌*에 넣어두고), 그 결과를 중앙은행에 통지한다. 그리고 중앙은행은 B은행에서 A은행으로 자금 이체를 실시하고, 그 결과를 분산형 장부에 보낸다. 분산형 장부 측은 중앙은행으로부터 자금 결제 완료의 통지를 받고 증권 이체를 시행한다. 이 시점에서 증권 양도가 완전히 끝난다(도표 7-4).

증권 결제를 하는 기관과 자금 결제를 하는 기관이 따로따로인 경우에는 통상적인 증권 결제에서도 DVP 결제 수법이 흔히 활용된다(예를 들어 증권보관이체기구와 일본은행 사이에서도 이러한 연계가 이루어진다). 이는 두 기관의 시스템을 이어주는 인터페이스를 매개로 실행되기 때문에 '인터페이스 결제 모델'이라고 불린다. 다만 이 방법으로는 '분산형 장부에 의한 증권 인도'와, '분산형 장부에 의하지 않는 자금 지급' 사이에 괴리가 발생한다(그래서 양 시스템 사이에서 여러 번 정보를 주고받아야 한다). 앞에서 설명한 JPX의 실증실험에서도 증권 양도만을 분산형 장부에서 시행하는 이 모델을 채용했다.

---

* 중립적인 제3자의 계좌를 가리킨다.

〔도표 7-4〕 인터페이스 결제 모델

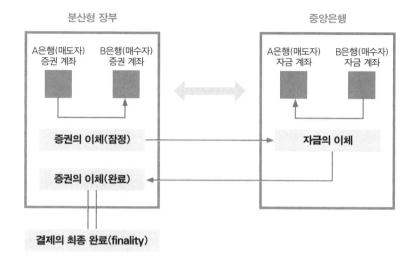

민간 결제 코인의 활용

이어서 민간 결제 코인을 활용하는 방식을 살펴보자. 민간 결제 코인은 분산형 장부의 네트워크에서 사용하는 일종의 가상화폐다. 시장 참가자가 법정통화를 민간은행에 예탁하면, 민간은행은 이를 보증금 삼아 분산형 장부에 민간 결제 코인을 발행한다. 그러면 증권과 자금 (결제 코인)이 둘 다 분산형 장부상에 존재하므로 증권 양도와 자금 지급을 분산형 장부상에서 동시에 실행하는 DVP 결제가 가능해진다 (도표 7-5). 인터페이스 결제 모델과 달리, DVP 결제가 분산형 장부 환경 안에서 완결된다는 장점이 있다. 5장에서 UBS, BNY멜론 등이 추진하는 '유틸리티 결제 코인(USC)'에 관해 살펴봤는데, 이것이야말로 금융 거래 결제에 이용하려는 목적으로 개발한 민간 결제 코인이다.

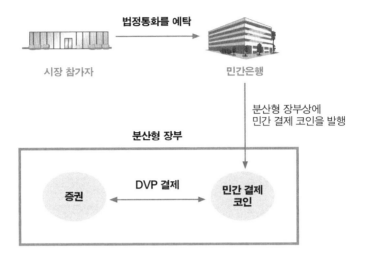

이 방식은 민간 결제 코인의 가치가 민간은행에 예탁된 법정통화의 가치에 의해 담보된다는 장점이 있다. 법정통화의 가치로 100퍼센트 보장받는 가상화폐인 셈이다. 한편 민간 결제 코인이 법적으로는 발행 주체인 민간은행의 '부채'라는 것은 단점이다. 민간 결제 코인의 발행 주체는 어디까지나 민간이라 부채를 안고 부도날 위험도 있다. 따라서 엄밀한 의미에서 민간 결제 코인으로는 결제 완료성을 얻지 못한다고 할 수 있다. 증권 결제에서 결제 완료성을 중시한다면, 도산의 위험이 없는 중앙은행에서 발행한 코인을 결제 코인으로 사용하는 편이 바람직하다.

중앙은행 디지털화폐의 활용

마지막으로 중앙은행 디지털화폐를 활용하는 방식을 살펴보자. 중앙은행 디지털화폐는 중앙은행이 주체가 되어 분산형 장부상에 발행하는 결제 코인이다. 5장에서 설명한 디지털화폐의 세 가지 유형 가운데 결제 코인형 디지털화폐에 해당한다. 중앙은행이 법정통화를 예탁받고 예탁금에 상당하는 금액을 디지털화폐로 발행하므로, 법정통화의 가치를 100퍼센트 반영한 디지털화폐(결제 코인)가 된다. 이 경우에도 증권(디지털증권)과 자금(디지털화폐)이 둘 다 분산형 장부상에 존재하므로 분산형 장부 환경 안에서 둘 사이의 DVP 결제가 가능하다. 그리고 이 결제 코인의 발행 주체는 중앙은행이므로, 시장 참가자 간에 결제 코인을 주고받는 단계에서 곧바로 결제 완료성을 얻을 수 있다는 장점이 있다(도표 7-6).

현명한 독자라면 이러한 중앙은행의 결제 코인 방식이 4장에서 살펴본 캐나다중앙은행의 CAD코인이나 싱가포르(MAS)의 디지털SGD와 매우 비슷한 쓰임새임을 깨달았을 것이다. 그리고 현재 각국의 중앙은행이 잇따라 결제 코인형 디지털화폐의 실증실험에 뛰어드는 이유 역시 알아차렸을지도 모른다.

각국 중앙은행이 디지털화폐의 실증실험을 시행하고 있는 배경에는 앞으로 증권 결제에 블록체인(분산형 장부 기술)이 활용되면서 분산형 장부 네트워크상에서 결제 코인이 필요해질 것이라는 통찰이 존재한다. 또한 결제 완료성을 고려한다면 중앙은행이 발행하는 공적인 결제 코인이 더욱 필요하다. 중앙은행이 디지털화폐(결제 코인)의

〔도표 7-6〕 중앙은행 디지털화폐의 활용

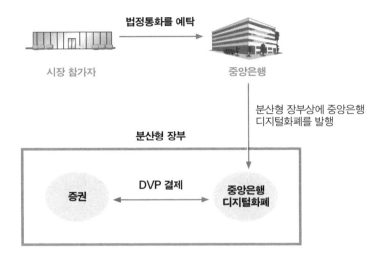

발행 준비를 착착 진행하는 이유가 여기에 있다.

이렇게 생각하면 증권 결제에 블록체인을 응용하려는 움직임과, 중앙은행이 결제 코인형 디지털화폐를 발행하려는 움직임은 동전의 양면과 같은 밀접한 관계임을 알 수 있다.

유럽중앙은행(ECB)의 블록체인 기술 책임자는 '만약 증권시장이 블록체인 채용에 비교적 빠르게 움직인다면 우리는 블록체인의 세계와 중앙은행의 세계가 원활히 상호 교류할 수 있도록 준비해야 한다'고 밝혔다. 이 말은 중앙은행이 증권시장의 대응을 지켜보면서 결제 코인(디지털화폐)의 발행을 준비하고 있음을 시사한다.

네팅 기능은 사라져도 좋은가? _____

분산형 장부 환경에서 네팅 기능을 어떻게 유지할지도 커다란 과제다. 증권 결제에서는 대부분의 경우, 결제 금액과 건수를 절감해서 리스크를 낮추기 위해 자금이나 증권의 수령과 지불을 정산한 뒤 그 차액을 결산하는 방법인 네팅(netting)이 이루어진다. 네팅의 역할은 각국 시장에 있는 청산 기관(Central Counterparty, CCP)이 담당한다. CCP는 매도자와 매수자 사이에 들어가 매도자에게는 매수자가 되고, 매수자에게는 매도자가 되어줌으로써 거래 상대방이 채무불이행(default) 상태에 빠지는 경우의 리스크를 줄일 뿐 아니라, 자금이나 증권의 결제 건수를 압축해서 결제 비용을 경감한다(도표 7-7).

〔도표 7-7〕 증권 결제에서 CCP의 역할

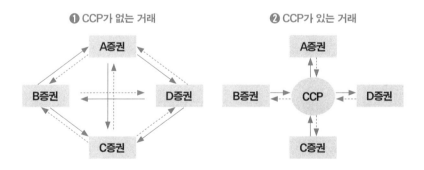

출처: 나카지마 · 슈쿠와(2008)

분산형 장부가 도입되어 모든 거래가 거래자끼리 직접 한 건당 결제되기 시작하면 CCP의 기능이 필요 없어질지도 모른다. 하지만 그렇게 되면 네팅의 결제 리스크 절감 효과가 사라져버리고 오히려 리스크가 높아질 수도 있다. 당연히 이는 바람직한 결과가 아니다. 따라서 분산형 장부의 네트워크상에 CCP의 기능을 공존시킴으로써 결제 리스크를 절감하는 동시에 결제를 효율화할 수 있는, 어떠한 새로운 시스템이 필요해질 것으로 예상된다.

기존 시스템 대체에 막대한 비용 필요 _____

증권시장의 참가자는 이미 시스템에 거액의 투자를 하고 있고, 대규모 컴퓨터 시스템에 의해 증권 결제 기관이나 청산 기간과 네트워크로 접속해서 증권 결제를 하고 있다. 따라서 이를 전면적으로 분산형 장부 기술 시스템으로 변경하기 위해서는 시스템을 대체하기 위한 막대한 대체 비용(replacement cost)이 필요하다. 이는 모든 시장 참가자에게 커다란 부담이 될 것이다.

그러므로 이미 시스템화가 진행된 상장 주식의 결제 등 주류 업무에 대해서는 분산형 장부 기술을 곧바로 도입하기가 좀처럼 힘들 것으로 보인다. 오히려 지금까지 인프라가 정비되지 않아서 수작업의 비중이 높았던 분야에서 먼저 분산형 장부 기술을 도입해나갈 가능성이 크다. 지금까지 비효율적이었던 이런 업무 분야로는 미공개주의 거래, 의결권 행사, 기업 행위의 통지 등을 들 수 있다. 이는 나스닥이나 스위스증권거래소 등의 실증실험에서 다루었던 것이며, 관계자들이 도입의 필요성과 실현 가능성이 높다고 판단하는 분야라고 볼 수 있다.

증권 결제와 관련해 상장 주식 등의 주류 업무에 블록체인을 도입하기까지는 얼마간의 시간이 걸릴 것으로 보인다. 또한 도입할 때는 결제 완료성, DVP 결제, 네팅 기능 등 고려해야 할 점도 많다. 그런데 증권 결제에서 분산형 장부 기술의 도입이 진행되면, 즉각 중앙은행 디지털화폐(결제 코인)의 발행을 촉진할 것이다. 양쪽은 서로 영향을 주고받으며 한 세트로 발전해나갈 것으로 생각한다. 현재 각국 시장에서는 많은 증권거래소가 속속 실증실험에 나서고 있고, 특허를 출원해 블록체인 기술을 확보하려는 움직임도 진행 중이다. 앞으로도 이런 동향을 꾸준히 주목할 필요가 있다.

비트코인의 가격은 2017년에 들어 4배 이상으로 올랐다. 그리고 분열 소동 직전의 가격(2017년 7월 중순)에서 약 2개월 사이에 또 2배 이상 급등했다. 이러한 가격 상승을 진심으로 기뻐하는 사람은 최근에 소액을 투자한 개인 투자가가 아니라, 사실은 비트코인 전체의 90퍼센트를 보유하는 1퍼센트의 보유자일 것이다. 그러나 그 와중에도 급격한 가격 상승에 대한 경계의 목소리는 좀처럼 들리지 않고, 오히려 앞으로도 더욱 오름세를 유지할 것이라고 전망하는 사람들이 다수를 차지하고 있다.

본문에서 설명한 것처럼 이러한 움직임이 반드시 버블이라고 단정할 수는 없다. 하지만 가상화폐 시스템의 실상에 어두운 사람일수록 시세를 낙관적으로 전망하고, 그 내용에 밝은 사람일수록 경계하는 경향이 강한 것은 사실이다. 일본에서 비트코인에 경계심을 보이는 대표적인 사람은 일본은행의 전(前) 핀테크센터장이자 현재 교토대학교 교수인 이와시타 나오유키(岩下直行)다. 그는 '장기적으로 봤을 때 비트코인이 가치를 그대로 유지하리라고 생각하기는 힘들다'고 말했다. 또한 버블 연구자로 유명한 노벨상 수상자 로버트 실러(Robert Shiller)는 '비이성적 과열(irrational exuberance)의 가장 전형적인 예가 비트코인이다'라고 언급했고, JP모건체이스의 CEO인 제이미 다이먼(Jamie Dimon)도 '튤립 버블보다 더욱 심한 버블인 비트코인은 좋은 결말을 맞이하지 못할 것이다'라고 평가했다.

가격이 영원히 오르기만 하는 자산은 존재하지 않는다. 이 사실은 버블 붕괴를 경험한 바 있는 일본인들이 누구보다 잘 알고 있다. 미국의 경제학자 허버트 스타인(Herbert Stein)의 말마따나 '영원히 지속되지 않는다면 반드시 끝은 찾아온다'. 거품은 언젠가 꺼지기 마련이라는 진리를 명심해야 할 때다.

2017년 9월 중국 당국은 갑자기 중국 내 가상화폐 거래소에서의 거래를 전면적으로 금지하는 방침을 발표한 뒤 중국의 3대 가상화폐 거래소를 10월 말까지 폐쇄했다. 지금까지 압도적인 비중을 차지해온 중국에서의 가상화폐 거래가 항구적으로 금지된다면 세계적인 가상화폐 시장에 커다란 영향을 줄 것이 뻔하다. 돌이켜보면 일본에서도 1990년대에 버블 붕괴의 신호탄이 된 것은 부동산 융자에 대한 당국의 총량 규제였다. 이와 마찬가지로 비트코인도 각국의 규제 강화가 시세의 흐름을 바꾸는 방아쇠가 될지 모른다.

2017년 8월 비트코인은 두 종류의 화폐로 분열했다. 비트코인이 여러 번 분열을 거듭한다면 아무래도 화폐로서의 신뢰도가 떨어질 수밖에 없다. 반복되는 분열 소동은 버블 붕괴의 출발점이 될 가능성도 있다.

어찌 됐든 가격 상승 기대가 강할 때는 비트코인이 지불 수단으로 정착하기가 어려워 보인다. 장래의 가격 상승에 대한 기대가 높을수록 아무도 비트코인을 현재의 지불 수단으로 사용하고 싶어 하지 않을 것이기 때문이다. 이로써 누구든지 비트코인으로 피자를 사 먹을 수 있는 환상적인 세상은 한여름 밤의 꿈처럼 홀연히 사라져버렸다. 비트코인은 앞으로도 가격 상승을 노린 투자용 자산(investment asset)으로만 이용될 것이다. 비트코인은 이미 화폐가 아니라, 머니게임을 위한 투자 상품이 되어버렸다.

감히 대담한 예상을 해보자면 비트코인을 비롯한 가상화폐는 장기적으로 'FX마진 거래'와 비슷한 위상에 놓이게 되지 않을까 싶다. FX마진 거래는 소액의 증거금을 토대로 다액의 외화 매매를 할 수 있는 구조인데, 레버리지가 걸리기 때문에(적은 자금으로 큰 거래를 할 수 있기 때문에) 투기적인 거래를 선호하는 개인 투자가들이 몰린다. 외국에서 '와타나베 부인'이라는 애칭으로 불리는 일본의 FX마진 거래 투자가들은 시세에 대한 영향력이 미미하다. 한때 인기 있었던 FX마진 거래의 동향도 이제는 일본 언론에서 다루지 않는다. 가상화폐도 서서히 FX마진 거래 정도의 위상으로 추락하지 않을까? FX마진 거래는 투기의 성격이 강한데, 가상화폐 또한 헤지펀드가 투자에 나서면서 투기 성향이 강한 투자자들이 편중된 시장이 되어버렸다. 가상화폐 거래소에서 15~25배나 되는 높은 레버리지를 써서 거래할 수 있는 레버리지 수법도 FX마진과 꼭 닮았다.

국제 송금 분야에서는 리플이 블록체인 기술을 활용해 송금 네트워크를 구축하려고 한다. 그래서 리플의 공세를 방어해야 하는 SWIFT는 이에 대항해 'gpi이니셔티브'라는 프로젝트를 개시했다. 이 프로젝트는 기존의 환거래 은행을 통한 국제 송금을 당일에 돈이 도착하도록 만들고, 수수료를 투명화하며, 송금 추적 기능을 구현하는 등의 개혁을 하는 것이 목표다. 또한 SWIFT는 블록체인을 활용해 노스트로 계좌 대조를 실시간으로 하기 위한 실증실험에 착수했다. 세계의 주요 은행에서는 해외의 환거래 은행에 보유한 자행 계좌(노스트로 계좌)의 잔액을 매일 확인하는 대조 작업을 하고 있다. 수십, 수백 곳의 은행을 대상으로 이러한 확인 작업을 하려면 막대한 시간과 노력이 소요되지만, 블록체인을 활용하면 이러한 노스트로 계좌 대조 작업을 실시간으로 간편하게 할 수 있을 것이다.

이러한 사례처럼 블록체인은 분산형 장부를 공유하는 시스템으로서 여러 당사자 사이에서 데이터와 정보를 공유하는 데 적합하다. 이것은 앞으로 다양한 비즈니스에서 블록체인을 활용하기 위한 힌트가 될 것이다.

또한 SWIFT의 사례에서도 알 수 있듯이, 신규 사업 참가자가 블록체인으로 새로운 서비스를 전개하면 기존의 사업자도 그에 자극받아

업무 혁신을 시도하게 된다. 이러한 블록체인에 의한 '혁신의 파도'
는 신구(新舊) 사업자끼리의 경쟁을 통해 점차 확산될 것이다.

　중앙은행의 디지털화폐에 관해서는 본문에서 몇몇 중앙은행의 실
증실험 사례를 소개했다. 현재 동유럽의 소국 에스토니아가 '에스트
코인(estcoin)'이라는 이름의 디지털화폐를 발행하겠다고 발표한 상
태다. 에스토니아는 인구 130만 명 정도의 소국이지만 사실 블록체
인 활용에 관해서는 세계에서 가장 앞서 나가는 국가다.

　에스토니아에서는 2014년부터 이미 블록체인 기술을 바탕으로 한
e레지던시 제도(전자 거주제)를 도입했다. 이는 해외에 사는 외국인을
디지털 시민으로 등록하고 자국민에 준하는 행정 서비스를 제공하
는 제도다. 에스토니아는 e레지던시를 통해 스타트업 기업이나 투자
가를 자국에 끌어들였고, 이미 138개국에서 2만 2,000명 이상이 등
록을 마쳤다. 인터넷상에서 회사 등록을 위한 행정 절차를 진행할 수
도 있어서 에스토니아의 디지털 시민이 되면 현지에 가지 않아도 에
스토니아에 회사를 설립할 수 있다. 이미 해외의 전자 거주자에 의해
1,700개 이상의 회사가 설립된 상태다.

　에스트코인을 발행하는 계획은 e레지던시의 책임자가 제안한 것
이다. 이처럼 블록체인을 활용하는 노하우를 꽤 많이 쌓은 에스토니
아가 세계에서 최초로 공적인 디지털화폐를 발행하는 나라가 될지도
모른다는 견해도 있다. 다만 문제는 에스토니아가 자국 화폐를 폐지
하고 유럽 공통 화폐인 유로화를 사용하고 있다는 점이다. 에스토니

아가 마음대로 유로화 표시 디지털화폐를 발행하려고 한다면 유로권의 다른 나라나 유럽중앙은행(ECB)이 가만히 지켜보고 있지는 않을 것이다. 에스토니아 측에서는 '이것은 법정통화가 아니라, 공적인 토큰일 뿐이다'라고 얼버무릴 수밖에 없는 입장이다.

장래에 중앙은행이 블록체인 기술을 응용한 디지털화폐를 발행하고 대중이 그것을 널리 사용하는 세상을 상상해보자. 그런 세상에서 관리 주체나 발행 주체가 존재하지 않는 가상화폐와, 중앙은행이라는 신뢰할 만한 기관이 발행한 디지털화폐 중에 사람들은 어느 쪽을 더 믿고 널리 사용하게 될까? 살아남는 화폐는 과연 어느 쪽일까? 필자는 그 답이 너무나 뻔하다고 생각하는데, 독자 여러분은 어떻게 생각하는가? 언젠가는 사람들이 중앙은행 디지털화폐를 통상적으로 자유롭게 사용하는 환경이 실현될 것이다. 그때가 되면 비트코인 같은 가상화폐는 세상의 흐름을 중앙은행 디지털화폐 시대로 이어준 가교 역할을 한 존재로서 어느 정도의 평가를 받을지도 모르겠다.

이 책을 출판할 곳을 알아보던 중, 『중앙은행이 끝나는 날(中央銀行が終わる日)』의 저자이자 일본은행에 근무할 때의 선배이기도 했던 와세다대학교의 이와무라 미쓰루(岩村充) 교수에게서 신초샤의 미나베 나오타 씨를 소개받았다. 미나베 씨는 딱딱한 문장을 쓰기 십상인 상황에서 필자에게 집필상 많은 조언을 해주었고, 필자라면 도저히 떠올리지 못할 '애프터 비트코인'이라는 멋진 제목도 이 책에 붙여주었다. 이 자리를 빌려 두 사람에게 감사드린다.

블록체인은 여전히 발전해나가는 기술이고, 앞으로도 더욱 기능을 확충하며 다양화가 진행될 것으로 보인다. 또한 민간은행, 증권거래소, 중앙은행 등에서도 실증실험이 꾸준히 이루어지고 있다. '애프터 비트코인(비트코인 이후)' 시대에 블록체인의 눈부신 활약상에는 앞으로도 눈을 뗄 수가 없을 것 같다.

2017년 9월
나카지마 마사시

- 기노우치 도시히사(2017), 『가상화폐와 블록체인(仮想通貨とブロックチェ＿ン)』, 닛케이문고.
- 나카지마 마사시(2009), 『SWIFT의 모든 것(SWIFTのすべて)』, 도요게이자이신보사.
- 나카지마 마사시·슈쿠와 준이치(2008), 『증권 결제 시스템의 모든 것(証券決済システムのすべて)(제2판)』, 도요게이자이신보사.
- 나카지마 마사시·슈쿠와 준이치(2013), 『결제 시스템의 모든 것(決済システムのすべて)(제3판)』, 도요게이자이신보사.
- 노구치 유키오(2014), 『가상화폐 혁명(仮想通貨革命)』, 다이아몬드사.
- 노구치 유키오(2017), 『블록체인 혁명(ブロックチェ＿ン革命)』, 니혼게이자이신문출판사.
- 다카기 소이치로(2017), 『블록체인 이코노믹스(ブロックチェ＿ン・エコノミクス)』, 쇼에이샤.
- 블록체인 연구회(2016), 「국내의 은행 간 이체 업무에서의 블록체인 기술의 실증실험에 관한 보고서」, 2016년 11월.
- 비트뱅크 주식회사 & '블록체인의 충격' 편집위원회(2016), 『블록체인의 충격(ブロックチェ＿ンの衝撃)』, 닛케이BP사.
- 사이토 겐지(2017), 『미래를 바꾸는 통화: 비트코인 개혁론(未来を変える通貨: ビットコイン改革論)(신판)』, 임프레스R&D.
- 야나가와 노리유키·야마오카 히로미(2017), 「블록체인, 분산형 장부 기술의 법과 경제학」 일본은행 워킹 페이퍼, No. 17-J-1, 2017년 3월.
- 오쓰카 유스케(2017), 『새삼스레 물어보기 힘든 비트코인과 블록체인(いまさら聞

けない ビットコインとブロックチェ—ン)』, 디스커버21.

- 오카다 히토시 · 다카하시 이쿠오 · 야마자키 주이치로(2015), 『가상화폐(仮想通貨)』, 도요게이자이신보사.

- 오키나 유리(2016), 「블록체인은 사회를 어떻게 바꿀 것인가?」, NIRA 오피니언 페이퍼, 2016년 12월.

- 이와무라 미쓰루(2016), 『중앙은행이 끝나는 날(中央銀行が終わる日)』, 신초선서.

- 이와시타 나오유키(2016), 「중앙은행에서 본 블록체인 기술의 가능성과 리스크」, IBM Blockchain Summit 2016 자료, 2016년 11월.

- 일본거래소그룹(2016), 「금융시장 인프라에 대한 분산형 장부 기술의 적용 가능성에 관해」, JPX 워킹 페이퍼, Vol.15, 2016년 8월.

- 일본은행 결제기구국(2015), 「'디지털화폐'의 특징과 국제적 논의」, 일본은행리뷰, 2015-J-13, 2015년 12월.

- 일본은행 결제기구국(2016a), 「결제의 법과 경제학」, 일본은행리뷰, 2016-J-3, 2016년 3월.

- 일본은행 결제기구국(2016b), 「중앙은행 발행 디지털화폐에 관해」, 일본은행리뷰, 2016-J-19, 2016년 11월.

- 일본은행 금융연구소(1997), 「전자화폐의 실현 방식에 관해: 안전성, 편리성을 배려한 새로운 전자화폐 실현 방식의 제안」, 『금융 연구』, 제16권 제2호, 1997년 6월.

- 전국은행협회(2017), 「블록체인 기술의 활용 가능성과 과제에 관한 검토회 보고서」, 2017년 3월.

- Bank of Canada(2017) "Project Jasper: Are Distributed Wholesale Payment Systems Feasible Yet?" Financial System Review, June 2017.

- Baur, D. G., Hong, K., Lee, A. D.(2016) "Virtual Currencies: Media of Exchange or Speculative Asset?" SWIFT Institute Working Paper, No. 2014-007.

- BBVA Research(2017) "Central Bank Digital Currencies: assessing implementation possibilities and impacts" March 2017.

- Bech, M. L. & Hobijn, B.(2007) "Technology Diffusion within Central Banking: The Case of Real-Time gross Settlement" International Journal of Central Banking, Vol.3 No.3, September 2007.

- BIS(1996) "Implications for Central Banks of the Development of Electonic

Money" October 1996.

- BIS(2012) "Principles for Financial Market Infrastructures" April 2012.
- BIS(2015) "Digital Currencies" November 2015.
- BIS(2017) "Distributed Ledger Technology in Payment, Clearing and Settlement" February 2017.
- BOE(2014) "Innovations in Payment Technologies and the Emergence of Digital Currencies" Quarterly Bulletin, 2014 Q3.
- BOE(2015) "One Bank Research Agenda" Discussion Paper, February 2015.
- BOE(2016) "The Macroeconomics of Central Bank Issued Digital Currencies" Staff Working Paper, No.605, July 2016.
- Cheah, E. & Fry, J.(2015) "Speculative Bubbles in Bitcoin Markets?" Economics Letters, Vol.130, May 2015.
- Danezis, G. & Meiklejohn, S.(2016) "Centrally Banked Cryptocurrencies," February 2016.
- Deloitte & Monetary Authority of Singapore(2016) "Project Ubin: SGD on Distributed Ledger" January 2016.
- Dyson, B. & Hodgson, G.(2016) "Digital Cash: Why Central Banks Should Start Issuing Electronic Money" Positive Money, January 2016.
- European Central Bank(2016) "Distributed Ledger Technologies in Securities Post-Trading: Revolution or Evolution?" Occasional Paper Series, No.172, April 2016.
- European Securities and Markets Authority(2017) "The Distributed Ledger Technology Applied to Securities Markets" Report, February 2017.
- FINRA(2017) "Distributed Ledger Technology: Implications of Blockchain for the Securities Industry" January 2017.
- Fung, B. S. C. & Halaburda, H.(2016) "Central Bank Digital Currencies: A Framework for Assessing Why and How" Staff Discussion Paper, 2016-22, Bank of Canada, November 2016.
- Garatt, R.(2016) "CAD-coin versus Fedcoin" R3 academic paper, November 2016.

- Mills, D. et al.(2016) "Distributed Ledger Technology in Payments, Clearing and Settlement" Finance and Economics Discussion Series, 2016-095, Board of Governors of the Federal Reserve System.
- OECD(2002) "The Future of Money".
- Raskin, M. & Yermack, D.(2016) "Digital Currencies, Decentralized Ledgers and the Future of Central Banking" NBER Working Paper, No.22238, May 2016.
- Riksbank(2016) "Should the Riksbank issue e-krona?" Speech by Cecilia Skingsley, November 2016.
- Satoshi Nakamoto(2008) "Bitcoin: A Peer-to-Peer Electronic Cash System".

KI신서 7357

애프터 비트코인

1판 1쇄 인쇄 2018년 4월 5일
1판 2쇄 발행 2019년 9월 2일

지은이 나카지마 마사시
옮긴이 이용택
펴낸이 김영곤 박선영 **펴낸곳** (주)북이십일 21세기북스

콘텐츠개발2본부 3팀 문여울 허지혜
출판영업팀 한충희 김수현 최명열 윤승환
마케팅1팀 왕인정 나은경 김보희 한경화 박화인 정유진
마케팅2팀 배상현 김윤희 이현진
홍보팀 이혜연 최수아 박혜림 문소라 전효은 김선아 양다솔
제작팀 이영민 권경민
외부 스태프 편집 눈씨

출판등록 2000년 5월 6일 제406-2003-061호
주소 (10881) 경기도 파주시 회동길 201 (문발동)
대표전화 031-955-2100 **팩스** 031-955-2151 **이메일** book21@book21.co.kr

ⓒ 나카지마 마사시, 2018
ISBN 978-89-509-7404-6 03320

(주)북이십일 경계를 허무는 콘텐츠 리더

21세기북스 채널에서 도서 정보와 다양한 영상자료, 이벤트를 만나세요!
장강명, 요조가 진행하는 팟캐스트 말랑한 책수다 '책, 이게 뭐라고'
페이스북 facebook.com/jiinpill21   포스트 post.naver.com/21c_editors
인스타그램 instagram.com/jiinpill21 홈페이지 www.book21.com
21도씨, 책읽기 포근한 온도 www.youtube.com/book21pub

서울대 가지 않아도 들을 수 있는 명강의! 〈서가명강〉
네이버 오디오클립, 팟빵, 팟캐스트에서 '서가명강'을 검색해보세요!